Helmut Thielicke
Das Schweigen Gottes

Helmut Thielicke
Das Schweigen Gottes
Glauben im Ernstfall

Quell Verlag

Teile dieses Buches erschienen 1977 im Herder Verlag als Taschenbuch unter dem Titel »Der Christ im Ernstfall«, andere Teile wurden zuletzt 1979 im R. Brockhaus Verlag unter dem Titel »Das Schweigen Gottes« von Professor Thielicke neu herausgebracht.

ISBN 3-7918-1921-6

© Quell Verlag, Stuttgart 1988
Printed in Germany · Alle Rechte vorbehalten
1. Auflage dieser Ausgabe
Einbandgestaltung: Heinz Simon, Quell Verlag,
unter Verwendung eines Fotos von Ewald Stark
Satz: Quell Verlag, Stuttgart
Druck: Ebner Ulm

Inhalt

7 Vorwort von Berthold Thielicke

FRAGEN AUS DER BEDRÄNGNIS

9 Glaube und Zweifel
15 Katastrophen
 Eine Meditation aus der Bombenzeit
28 Warum?
42 Das Christusrätsel
56 Der Abgrund der Verlassenheit
69 Verschollen, im Ungewissen versunken

LETZTE FRAGEN

79 Wer bin ich?
91 Keine religiösen Fragen mehr?
94 Warum Angst vor dem Leben?
100 Hat unser Leben Sinn?
106 Wie können wir neu werden?
112 Wie kann »Umkehr« Freude sein?
120 Was bedeutet Vergebung?
126 Wie können wir beten?
131 Was heißt: Gott ernst nehmen?
135 Was ist Vertrauen?

140 Wer ist mein Nächster?
144 Wie stehen wir zu den Tieren?
152 Wie werden wir das Maskottchen los?
158 Ist die Weltgeschichte das Weltgericht?
165 Tod und Leben
172 Zeit und Ewigkeit

Vorwort

Zwei kleine Bücher Helmut Thielickes, lange vergriffen, erscheinen jetzt wieder in einem Band. Die Nachfrage war so groß, daß dies gerechtfertigt erscheint.
Alle Meditationen und Reflexionen sind aus konkreten, zeitgebundenen Situationen entstanden; wir mußten uns deshalb fragen, ob die Texte veraltet sind, ob sie noch Antworten auf die Fragen *unserer* Zeit geben können.
Daß diese Texte immer noch aktuell sind, liegt sicher daran, daß die jeweiligen Situationen den Charakter von *Modellen* haben. Sie heben sich deshalb aus der Zeitgebundenheit heraus und behalten ihre Aktualität auch heute.
Helmut Thielicke wollte mit diesem Buch Lebenshilfe anbieten. Für eine der wichtigsten Fragen, auf die wir Antworten suchen, fehlte ihm das anschauliche Modell. Als er am 5. März 1986 gestorben war, bedauerte sein damals fünfjähriges Enkelkind William: »Jetzt, wo der Nonno weiß, wie es im Himmel ist, kann er es uns nicht mehr sagen.« Die allerletzte Frage ist ohne Antwort geblieben.
Obwohl er bis zuletzt gerne lebte, starb er glücklich: Er wußte zwar nicht, was ihn erwartet, aber er wußte, wer ihn erwartet.

Berthold Thielicke

FRAGEN AUS DER BEDRÄNGNIS

Glaube und Zweifel

Der Glaube glaubt nicht nur »an« Gott, sondern er glaubt auch »gegen« etwas: Er glaubt gegen den Augenschein, der die Existenz Gottes oft so unwahrscheinlich macht. Er glaubt gegen die Angst, gegen die Sorge, gegen die Schuld und gegen den Tod. Wir wollen nur *einen* dieser Zweifel herausgreifen, gegen den der Glaube glaubt: den Zweifel daran, daß Gott gerecht ist, und daß also höhere und sinnvolle Gedanken über unserem Leben gedacht werden. Für diese Frage ist die Gestalt des Hiob ein klassisches Modell.

Der Versucher schlug Hiob mit vielen Plagen: Er nahm seine Güter, seine Knechte, seine Kinder. Er stürzte ihn von der Höhe eines befriedigten und frommen Lebens (ach, wie leicht ist da fromm zu sein!) in den Schrecken entblößter und hungriger Armut. »Der Herr hat's gegeben, der Herr hat's genommen, der Name des Herrn sei gelobt« (Hiob 1, 21). Ja: mit letzter Kraft erfaßt Hiob noch den Sinn des Geschehens, reißt er das Wort Gottes an sich, das ihn aus diesem Unglück anblickt, und klammert sich an seinen Trost: »*Der* Gott redet hier, der geben und nehmen kann. Wie hätte ich dies Geben und Nehmen Gottes aber je begreifen und ernst nehmen können, wenn er nicht auch genommen hätte, wenn ich nicht bitter von ihm geschlagen worden wäre –? Er wäre dann ein frommer Schmuck meines Lebens geblieben, und sein Dienst wäre wohl ein erhebender Kultus in meinem reichen Hause gewesen; aber eben ein ›Schmuck‹, der Gott in der ›Sonntagsecke‹. Gewiß: ich hätte redlich gelebt, meinen Nächsten und meine Freunde liebgehabt, ich hätte tapfer gearbeitet und mich gut mit ihm gestellt. Aber bei alldem wäre er doch nicht der wirkliche Herr meines Lebens gewesen: Er wäre nicht jener unheimlich reale Herr gewesen, der unerforschlich geben und nehmen kann, und dessen Ratschluß zu hoch ist, als daß man ihn verstehen könnte (Hiob 42, 3). Er wäre auf keinen Fall jener Herr für mich gewesen, dem ich in allem und unter allen Umständen recht gegeben hätte. Nein: Er wäre ein Herr für mich gewesen und geblieben, mit dem ich von Herzen gestritten, gehadert und gerechtet hätte (42, 4).«

Das alles ahnt Hiob noch, als Gott ihm sein Liebstes und seine Lieben nimmt. Und er hält diesen frommen Gedanken auch dann noch fest, noch einen Augenblick lang fest (auch wenn der Zweifel schon dumpf in ihm tönt), als der Versucher wiederum kommt und nicht nur Güter und Kinder nimmt, sondern ans Leben selber geht und Gebein und Fleisch antastet (2, 5), als er an den Augapfel des Lebens rührt (2, 4) und ihn mit Schwären schlägt von der Fußsohle bis an den Scheitel (2, 7).

So sitzt er in der Asche seiner verbrannten Güter und schabt sich die wehe, entstellte Haut und klammert sich noch einmal an die Stimme, die in all dem tönt: Auch das Böse, das Schreckliche müssen wir aus seinen Händen nehmen, so wie wir das Gute ja auch von ihm geschenkt bekommen (2, 10). Oder sollte es etwa keine Güte sein, wenn ein schmerzliches Schicksal uns lehrt, daß alles, alles von Gottes

Händen und Herzen zu uns herniederkommt, Liebes und Leides? Aber dann starrt ihn die nackte Sinnlosigkeit an, dann sieht er nur Asche und Schwären, klagende Freunde, fühlt er nur noch brennenden Schmerz. Und im Hintergrund steht der Versucher und mißt mit der Sanduhr, gespannt, wann die Grenze des Möglichen, des Menschenmöglichen im Leiden überschritten sein wird: Die Sanduhr läuft; aber zunächst will Hiob noch reifer werden in seiner Erkenntnis Gottes; er meint zu spüren, was Gott ihm durch all den zugefügten Schmerz sagen will. Doch der Versucher lächelt überlegen. Er wird das Spiel gewinnen. Er ist sich klar, daß zweierlei für ihn arbeiten wird: die Zeit und der Schmerz.
Er weiß: Reifer werden wollen durch das Leid, das kann doch nur heißen, daß man sich das Leid »zur Lehre« dienen lassen will; so wie Hiob sich durch den Verlust seiner Güter darüber »belehren« läßt, daß sie ihm nicht gehören, sondern Gott, und daß Gott sie ihm nehmen kann und daß Gott sich folglich als Herr über Leben und Tod und Güter zeigen will, wenn er so schmerzvoll in unser Leben fährt.
Der Versucher lächelt über diese fromme Regung. »Ja – denkt er –, wir wollen den Augenblick abwarten, wo das Leid den guten Hiob genügend in diesem Sinne ›belehrt‹ hat. Das kann doch nicht lange dauern. Die frommen Weisheiten, die ihm im Unglück erwachsen und die man später einmal fett drucken wird – nun, die werden verstummen, wenn das Leiden weitergeht.«
Jawohl: »Wenn das Leiden weitergeht.« Der Versucher ist ein guter Psychologe, er rechnet so: Hiob meint, wenn er genügend aus seinem Leiden gelernt hätte (zum Beispiel, daß Gott gibt und nimmt und daß er der Herr ist), dann müßte das Leiden wieder aufhören, weil es ja seinen Sinn erfüllt hätte. Denn wenn es einfach weiterginge, dann könnte er

doch gar nichts mehr dazulernen. Dann hätte es eben keinen »Sinn« mehr.
Und also läßt der Versucher, wenn er einen ernstlichen Angriff vorhat, das Leiden *weiter*gehen – über die Spanne dessen hinaus, was der Mensch für sinnvoll hält. Wenn er meint, nun müsse es aufhören, nun habe er genügend gelernt, dann hört es gerade nicht auf, dann geht es sinnlos weiter. Die Zeit ist der unheimlichste Diener dieses Fürsten der Nacht. Sie macht uns mürbe. Nicht deshalb zunächst, weil sie so lang ist, sondern weil sie so sinnlos ist, weil das immer weiter dauernde Leid zu einer fratzenhaft höhnischen Frage wird: »Was sagst du nun?« – »Wo ist nun dein Gott?« (Ps. 42, 4) – »Meinst du noch immer, daß dir dies Leiden von Gott geschickt sei? Worin sollte denn sein Sinn noch bestehen? Wie könnte es denn jetzt noch, nach all den Monaten, nach all den Jahren ›zum Besten dienen‹?« (Röm. 8, 28) – »Hältst du wirklich noch fest an deiner Frömmigkeit – noch immer... wie lange noch?« – »Ja, sage Gott ab und stirb!« (Hiob 2, 9).
Das ist das entscheidende Mittel des dunklen Versuchers: die Zeit. Die Zeit wird die Predigerin der Sinnlosigkeit. Sinnlosigkeit aber ist der stärkste Einwurf wider Gott. Denn wir und unsere Vernunft (die Vernunft nämlich als die Künderin des Sinns) machen uns von Natur zum Herrn und Richter Gottes. Wir sehen – kraft der Zeit – keinen Sinn mehr, erst recht keine höheren Gedanken. Darum: »Sage Gott ab und stirb!«
Die Mittel des Versuchers sind plump und listig zugleich. Er tut im Grunde nichts anderes, als daß er die natürliche Stellung des Menschen zu Gott in Rechnung stellt und sie zur äußersten Konsequenz vortreibt. Er macht einfach mit dem Menschsein des Menschen ernst: Der Mensch will von Na-

tur Herr und Richter Gottes sein. Seine höheren Gedanken müssen immer dem entsprechen, ja, müssen sich dem fügen, was der Mensch sich für Gedanken macht und für sinnvoll hält. Da tut der Versucher nichts anderes, als was wir bei Hiob sahen: Er führt den Menschen mit Hilfe der Zeit, mit Hilfe der langen Dauer seines Leidens an einen Punkt, wo er das Leiden nicht mehr als sinnvoll und reifend und fördernd erkennen kann. Das ist dann mit teuflischer Notwendigkeit auch der Punkt, wo sein Gottesglaube absurd wird, wo er Gott abschwört.

Sein anderes Mittel ist der Schmerz. Das weiß jeder von sich selber. Das Leiden ist nur so lange erziehlich, wie wir bei klarem Verstand sind und uns »Gedanken« machen können, nur so lange, wie es uns »zur Besinnung« dient. Aber diese »Besinnung« hört sofort auf, wenn der rein körperliche Schmerz eine bestimmte Grenze überschreitet, die Grenze, hinter der wir ganz ausgefüllt von ihm sind: entweder so, daß wir krampfhaft die Zähne aufeinanderpressen oder laut schreien, oder auch so, daß wir – geschüttelt von Angst und Entsetzen – im Tal einer sekundenlangen Schmerzlosigkeit auf die nahende Welle eines neuen ungeheuren Schmerzes warten. Und jedes Unglück und jeder Kampf, im Weltmaßstab oder daheim im Bereich der politischen oder bürgerlichen Existenzfragen, in Kranken- und Irrenhäusern, ist ein solcher Schmerz, der uns immer wieder an jene Grenze heranführt, wo wir »ausgefüllt« sind und wo die Frage als Frage verklingt. Wie sollten wir da noch erbauliche Gedanken über Sinn und Unsinn, über Reiferwerden und Wachsen am Schmerz haben können?

Das ist also die andere These des Versuchers: Es gibt einen Grad des Leidens, wo man nicht mehr reifer wird an ihm. Und dieser Schmerz ist der zweite Pfeil im Köcher des Fein-

des: der Schmerz, der einfach durch seine Stärke sinnlos ist. (Welcher unheilbar und schrecklich Kranke und welcher im Trommelfeuer des Kummers zermürbte, selbst fürs Fluchen zu schwache Mensch wüßte davon kein Lied zu singen!)
Darum setzt auch der Mensch, der Gott mit seinem Sinnglauben – und das heißt doch nun: mit diesem Glauben an sich selber – halten möchte, diesen seinen Gott ab, sobald er nichts anderes mehr ist als ein solcher Haufen in sich gekrümmten Wehs...
So sind wir Zweifler von Anbeginn: Wir zweifeln an Gott in dem gleichen Maße, wie wir an uns selbst glauben; und wir glauben unbändig an uns selbst. Wir glauben zum Beispiel an unsere Unsterblichkeit (1. Mos. 3, 4), und das heißt doch wohl: Wir glauben an unsere Ewigkeit, an die Ewigkeit unseres Geschlechtes. Und darum beißen wir lachend in die verbotene Frucht: Wer sollte uns schon etwas verbieten?! Wer hätte schon das Recht, uns zuzurufen: »Bis hierher und nicht weiter!«? – Gott etwa? Ha, wir sind seines Geschlechtes, und unser ist die Erde und das Paradies.
Wir glauben an unsere Ebenbürtigkeit mit Gott (1. Mos. 3, 5), und darum sprechen wir mit dem Versucher, mit dem Meister des Zweifelns: »Sollte Gott wirklich gesagt haben?« und zweifeln an Gott.
Die Stunde der Versuchung, das ist die Stunde, in der wir an uns selbst glauben, in der wir aufhören, an uns zu zweifeln, und eben darum an Gott zweifeln. Das ist unsere Stunde und die Macht der Finsternis (Luk. 22, 53). So lehrt die Heilige Schrift den Bruch des Menschen mit Gott.
Mit dem Zweifel werden wir darum nicht fertig, wenn wir Argumente wider ihn sammeln, sondern nur, wenn der Sohn Gottes uns in den Frieden mit seinem und unserem Vater zurückbringt.

Katastrophen

Eine Meditation aus der Bombenzeit

Und alsbald trieb er seine Jünger, daß sie in das Schiff träten und vor ihm hinüberführen gen Bethsaida, bis daß er das Volk von sich ließe. Und da er sie von sich geschafft hatte, ging er hin auf einen Berg, zu beten. Und am Abend war das Schiff mitten auf dem Meer und er auf dem Lande allein. Und er sah, daß sie Not litten im Rudern; denn der Wind war ihnen entgegen. Und um die vierte Wache der Nacht kam er zu ihnen und wandelte auf dem Meer; und er wollte an ihnen vorübergehen. Und da sie ihn sahen auf dem Meer wandeln, meinten sie, es wäre ein Gespenst, und schrien; denn sie sahen ihn alle und erschraken. Aber alsbald redete er mit ihnen und sprach zu ihnen: »Seid getrost, ich bin's; fürchtet euch nicht!« Und trat zu ihnen ins Schiff, und der Wind legte sich. Und sie entsetzten und verwunderten sich über die Maßen. Markus 6, 45-51

In unserem Text stehen ganz dicht nebeneinander zwei Welten, die beide auf uns mit Macht hereinstürmen. Oder soll ich sagen: zwei Welten, die wir selber durchleiden?
Auf der einen Seite rast ein gefährlicher Sturm, da herrscht die Nacht mit ihren Gespenstern und ihrer Lebensbedrohung. Auf der einen Seite ist die Welt, in der jeder, die Jünger und wir selbst, bis zur Grenze des Erträglichen ausgefüllt sind von Arbeit und Kampf, mit deren Hilfe wir nur die nächste Stunde zu sichern und unser Haus und Schifflein

wieder einigermaßen zurechtzunageln versuchen. Es ist die Welt der brennenden, übermüdeten Augen.

Auf der anderen Seite dagegen herrscht die Stille des Gebetes Jesu. Dort tritt alles irdische Stimmengewirr zurück, ja, sogar die Menschen müssen von der Bildfläche hinwegtreten, die seiner Hilfe so dringend bedürfen: die Leute mit der Gewissenslast und den bohrenden Sorgen für den nächsten Tag, die Leute, die meinen, sie könnten es keine Minute länger mehr aushalten, und die so schrecklich und dringend nach Hilfe schreien. Sie alle müssen zurücktreten, weil Jesus nur dann für sie dasein kann, wenn er vorher beim Vater gewesen ist. Nicht einmal der Sohn Gottes gibt arbeitend und helfend mehr aus, als er vorher eingenommen hat. Deshalb zieht er sich von den Menschen zurück, um im Gebet ein paar tiefe Atemzüge aus der Ewigkeit zu tun. Dann wird er wieder für die Arbeit und für den Dienst an den Brüdern bereitstehen. Dann wird er *ganz* bereitstehen.

Diese beiden Welten, Nacht und Katastrophe auf der einen und die Stille des Gebets auf der anderen Seite, stehen hier dicht nebeneinander. Sind sie nicht auch in uns beieinander? – Kommen wir nicht alle aus inneren und äußeren Stürmen? Sind wir nicht alle ein wenig übermüdet und erschöpft, und haben wir uns nicht diese Stunde der Stille abringen müssen? Wäre es nicht doch leichter gewesen, auch diese eine Stunde noch weiterzumachen im Trott oder Galopp der letzten Tage und Wochen, statt nun auf einmal stillzustehen, sich vom göttlichen Worte »Halt!« zurufen und sich von der Frage überfallen zu lassen: Mensch, wo bist du, wo stehst du?

Wahrlich, in dieser Geschichte mit dem Sturm und den Katastrophen auf der einen und der Stille mit Gott, nach der wir alle dürsten, auf der anderen Seite – in dieser Geschichte finden wir Not und Sehnsucht unserer eigenen Lage abgezeichnet.

Für uns alle ergibt sich daraus unwillkürlich die Frage: Wie bringen wir es zu der großen Stille Jesu inmitten der Unruhe der Menschen, inmitten der tausendfältigen Not, die um ihn und um uns alle her aufbricht? Wie bringen wir es zu der großen Stille mit Gott inmitten des vulkanischen Kraters, in dem wir alle sehr exponiert und gefährlich wohnen?

Nach einem der allerschwersten Fliegerangriffe, die bisher überhaupt auf eine deutsche Stadt niedergingen, schrieb mir ein Christ, der selbst kaum dem Tod entkam: »Wie kommt es, daß ich keinen Augenblick an Gott denken mußte?«

Diese Frage, die wir selbst vielleicht schon schmerzlich und etwas erschrocken an uns durchmachten, lehrt uns jedenfalls eines: Es ist nicht selbstverständlich, daß die großen Katastrophen und Ängste uns zu Gott führen. Die Offenbarung des Johannes bringt diesen geheimnisvollen und schrecklichen Tatbestand, daß die Heimsuchungen Gottes oft genug in einer Hinausstoßung in eine noch größere Fremde und Kälte enden, immer wieder zum Ausdruck, wenn sie darauf hinweist: die Menschen taten *nicht* Buße, als die großen Wehen und Schrecken der Gottesgerichte über sie hereinbrachen.

Wir können nämlich beobachten, daß der teuflische Widerspieler immer und mit unerschöpflichen Methoden an der Arbeit ist, Wände zwischen Gott und uns aufzurichten. Wir denken freilich in der Regel nur daran, daß Glück und Behagen, Reichtum und Lebensfreude zu dieser Isolierwand werden können. Denn wir wissen, daß wir in solchen Zeiten der Sonne und des Glücks Gott nicht nötig zu haben meinen. In solchen Zeiten pflegt man sich saturiert zu fühlen, und der Schrei nach Gott, nach dem lebendigen Gott wird überdeckt von der leuchtenden Symphonie des Lebens, die uns den Rausch unserer Lebendigkeit bis zur Neige genießen läßt:

> Freude, schöner Götterfunken,
> Tochter aus Elysium!
> Wir betreten feuertrunken,
> Himmlische, dein Heiligtum.

In solchen Zeiten freut sich der Mensch gleichsam seiner inneren Autarkie: Er bedarf keiner helfenden Hand, er spürt keine blutende Wunde, die des göttlichen Verbindens bedürfte. Er verdrängt seine Schuld, die nach Vergebung schreit, und das Kreuz von Golgatha ragt wie ein Fremdkörper und wie das bizarre Menetekel einer dunklen, überwundenen Welt über dem Strom der Freude.

In den Katastrophen unseres Lebens haben wir alle eine neue Erfahrung gemacht. Wir sahen nämlich, daß auch die Angst, die Not, die Spannung vom Teufel benutzt werden können, um unsere Verbindung mit Gott abzuschneiden. Oft genug vollzieht sich dieses Abschneiden einfach dadurch, daß wir bis zum Letzten ausgefüllt sind mit Sorge, Erwartung, mit Konzentration auf notwendige wie ablenkende Tätigkeit – so sehr ausgefüllt, daß keine anderen Gedanken und erst recht nicht der Gedanke an Gott noch Raum haben.

Wir können noch mehr beobachten: daß nämlich auch die Stoßgebete, die wir in den ärgsten Stunden zum Himmel schicken, oft schon an der Zimmerdecke mit schlaffen Flügeln herabfallen.

Wie kommt das?

Sehr oft sind unsere Angstgebete gar kein wirkliches Sprechen mit Gott, sondern ein Sprechen mit der Gefahr.

Ich kann bei meinem Beten inmitten der Gefahr beobachten, daß ich im Beten gerade an mir selber festgehalten werde, weil die Übermacht meiner Sorgen oder meiner Ängste mich so im Bann hält, daß ich das Angesicht Gottes gar nicht richtig aufsuche. Mein Gebet ist dann nichts anderes als ein Aufstöhnen meiner inneren Beklommenheit, so, wie ich bei einem großen Schrecken unwillkürlich ausrufen kann: »Ach Gott!«, oder wie noch der alte Mann, wenn er von einer Leiter herabstürzt, in seiner jähen Angst den Urlaut »Mutter« ausstoßen kann, ohne daß er dabei an Gott oder an die Mutter denkt, sondern nur an die zerbrochene Sprosse und den Aufprall seines Körpers auf dem Boden.

Es gibt auch Leute, und vielleicht sind wir selbst diese Leute, die Gott um etwas Bestimmtes bitten: daß ihnen ihre Habe erhalten bleibe, daß sie ein Examen bestehen möchten, daß ein geliebter Mensch am Leben bleibe – Leute, deren Gedanken immer nur um den erbetenen Gegenstand kreisen und die sich von ihm bannen lassen, statt daß ihre betenden Gedanken das Angesicht Gottes aufsuchen: das Angesicht des Herrn also, der das Erbetene geben oder versagen kann und in beidem seine Liebe zu uns zeigt.

Wir sehen hier eine große Gefahr unseres Betens, eine Gefahr, die uns hindert, zu einer wirklichen Stille im Sturm und zum Herzensfrieden einer echten und betenden Begegnung mit Gott zu kommen. Ich meine die Gefahr, daß wir an uns selber hängen bleiben und das Gebet nur eine trügerische Tempelkulisse ist, die wir um den Altar unserer eigenen Wünsche und Sorgen herumbauen.

Es kommt alles darauf an, uns von dieser großen Selbsttäuschung unseres Betens frei zu machen. Wir gewinnen diese Freiheit am besten so, daß wir auf die Art achten, wie Jesus in der Stille mit seinem Vater verkehrt, wir denken dabei vor allem an sein hohepriesterliches Gebet (Joh. 17). Dort spricht der Heiland zunächst und immer wieder einmal vom Dank und Lobpreis gegen seinen Vater und davon, daß er seinen Namen verklären wolle. So sucht er erst einmal das Angesicht seines Vaters, sucht seinen Blick, tastet sich hin an sein Herz, bis er seinen Schlag hört und sein Lieben spürt, und sucht die väterliche Hand, bis er sie ganz in der seinen hat.

Dann erst beginnt er mit seinem Anliegen. Und auch hier ist er es keineswegs selber, um den sein Gebet zunächst kreist, sondern seine betenden Gedanken bewegen sich um die Seinen, die ihm anvertraut sind: um seine Jünger, sein Volk, um die ganze zahllose Herde derer, über denen Finsternis und Dunkel einer unerlösten Welt lasten und die im Schatten des Todes dahinvegetieren.

Im Namen Jesu beten, bedeutet, daß wir in diese Fußstapfen unseres betenden Meisters treten. Das heißt ganz praktisch: Es kommt in den Katastrophen und Notzeiten unseres Lebens darauf an, daß wir nicht unseren natürlichen Selbsterhaltungstrieb sich austoben lassen und ihn nur ein wenig mit der Geste des Gebets tarnen. Wir bleiben dann, trotz aller frommen Worte und trotz der religiösen, gebetsmäßigen Formulierung unseres Selbsterhaltungstriebs und unserer Angst, an uns selber hängen. Die Stunden, in denen wir alle so hauchnahe an der Ewigkeit stehen, lassen uns ungesegnet und bleiben in einem Zwielicht zwischen Grauen und Schalheit zurück.

Wir sollten statt dessen einmal den Versuch machen, zweierlei zu tun:

Einmal wirklich die Hand des Vaters zu suchen und uns dahineinzulegen: Ob wir leben oder sterben, wir sind in seiner Hand.

Die Hauptsache ist nur und ausschließlich diese Hand, in der wir geborgen sind, und das Antlitz Gottes, in dem das väterliche Auge uns entgegenleuchtet. Dieses Auge, diese Hand, dieses Herz sollen wir zunächst einmal suchen.

Und dann noch etwas: Wir sollten auch dann noch nicht für uns selber beten, sondern für die anderen um uns her, alle Kranken und Hilflosen, für alle, die mit Gott noch nicht im reinen sind, wir sollten auch die kleinen Kinder den Engeln Gottes anbefehlen.

Wir werden dann staunend feststellen, daß wir im Suchen nach Gottes Hand und in der priesterlichen Fürbitte für die anderen selber ruhiger werden und daß wir den Frieden wunderbar spüren, den wir im betenden Selbsterhaltungstrieb vergeblich suchten.

Auch hier gilt es ganz einfach: Trachtet zuerst nach dem Reiche Gottes, nach dem Antlitz Gottes, nach den Brüdern, nach den Mühseligen und Beladenen, nach all denen, die der Augapfel Gottes sind –, so wird euch alles andere, schlechthin alles andere zufallen, unter anderem auch eure eigene Herzensruhe und das Wissen um ein Geborgensein in den ewigen Armen. Indem ihr für die Ängstlichen betet, wird Gott euch selber die Angst nehmen; indem ihr für die Hilflosen betet, werdet ihr selber die Gotteshilfe mit mächtigem Arm nach euch greifen spüren; indem ihr für die betet, die noch nicht reif sind, um nun vor Gottes Thron gerufen zu werden, werdet ihr den wunderbaren Trost dessen zu spüren bekommen, daß ihr einen Heiland habt, der euch mitten durch alle Gerichte an das Herz des Vaters bringt. Das sind die Ströme lebendigen Wassers, die vom Gebete unseres Heilandes auf uns zufließen.

Noch ein weiterer Gedanke fließt uns beim Anschauen des betenden Christus zu: Um ihn zu entdecken, denken wir einmal an die Situation der Jünger. Es heißt: »Am Abend war das Schiff mitten auf dem Meer ... und sie litten Not im Rudern.«

»Am Abend.« Wir wissen, wie das ist, wenn das Grauen der Nacht herabsinkt mit den dunklen Geschicken, die es in seinem Schoße birgt, mit »Schrecken, G'spenst und Feuersnot«, wie es die Abendlieder unserer Kirche zum Ausdruck bringen, – jene Abendlieder, die wir früher in den Etappenzeiten des Friedens so wenig verstehen konnten. Wir wissen, wie es bei nächtlichen Katastrophen zugeht, so wie die Jünger sie hier auf See erleben: die bedrohlichen Geräusche, deren Ursache man nicht sieht, die Übermacht des Unheimlichen, die uns umlagert; auch das Gegenteil: Wir wissen es plötzlich mit einer Wachheit und einer Helle ohnegleichen, daß das Schicksal unseres Schiffes, unseres Hauses, unserer Familie von der Initiative und Tatkraft abhängt, mit der wir in den nächsten Minuten handeln, abhängt von dem bedingungslosen Mut, mit dem wir unser Leben einsetzen. Da bleibt oft keine Sekunde mehr zum Gebet frei. Die Aufgaben und inneren Spannungen füllen uns in einem Maße aus, daß Gott Wohnungsnot zu leiden beginnt in unserer Seele. Und nun dürfen wir wissen, daß einer da ist, der uns mit seinem Gebet unendlich vertritt, wenn wir versagen oder »abwesend« sind. Manfred Hausmann hat unter dem Titel »Einer muß wachen« an Hand des Sigmaringer Christusbildes darüber eine beglückende Betrachtung geschrieben: Christus, an dessen Brust Johannes gelehnt ist, sieht mit unendlich wissenden und wachen Augen in die Welt. Er sieht die Nöte und Katastrophen unserer gepeinigten Erde, er sieht die wort- und gebetlose Verzweiflung der Einsamen, deren Leben sinnlos geworden ist. Das alles sieht er mit einer Klarheit ohnegleichen. Kein Mensch würde diesen Blick ertragen, und die Augen des Christusbildes lassen die Fülle des Wissens, des Grauens und der Liebe auch ahnen. Denn diese Augen müssen offenstehen über dem allen: »Einer muß wachen!«

Auch in unserem Text heißt es ja: Während die Jünger restlos ausgefüllt sind durch ihren »Katastropheneinsatz«, während sie keinen Blick zum Himmel mehr übrig haben und ihre Lippen vor Überanstrengung wie ein Strich geschlossen sind, so daß ihnen auch kein Gebetslaut mehr entschlüpft: währenddem sieht sie Jesus, währenddem vertritt er sie mit seinem Gebet.

Vielleicht ist dies das Letzte, das uns in den Zeiten innerer Dürre, wortloser Verzweiflung und wirbelnden Umtriebs bleibt: daß es einen Ort in der Welt gibt, wo die Verbindung mit dem Vater nicht abreißt: Das ist das Gebet dessen, den das Neue Testament unseren »ewigen Hohenpriester« nennt. Da treiben wir Menschen im Schifflein unseres Lebens dahin, bedrängt und umzingelt, immer wieder so entsetzlich gottesleer und angsterfüllt, immer wieder so, daß wir nichts fühlen von seiner Macht. Aber nun gilt es einfach: Einer muß wachen, einer liegt im Gebete für uns alle! Einer hört nicht auf, unsere kalte und fühllose Hand in die ewige Hand des Vaters zu legen. Christus steht auf dem Berge und betet, während die Jünger mit dem Tode ringen und während ihr Mund verschlossen ist.

Schon mancher hat es mir bezeugt, und ich habe es selbst erlebt, welch ein Trost es in aller geistlichen Einsamkeit und Gebetsmüdigkeit ist, zu wissen, daß es betende Gemeinden gibt, Brüder und Schwestern, die nun an meiner Stelle die Verbindung mit Gott, das Loben und Danken und die ewige Fürbitte aufnehmen. Wir alle sind auch im Gottesdienst niemals nur zu unserer eigenen Erbauung versammelt. Wir

sind versammelt zu solcher Stellvertretung, die uns der betende Heiland lehrt. Zehn Menschen muß es in unserer Stadt geben, die nicht untergehen in Angst und Grauen, in Betriebsamkeit und hemmungsloser Aktivität, sondern ihre Hände erheben.
Auf dieser dunklen und gepeinigten Erde müssen vom Himmel aus überall jene leuchtenden Punkte zu sehen sein, wo die zwei oder drei versammelt sind und ihre Hände nicht sinken lassen. Die Welt lebt von diesem stellvertretenden Gebet der Gemeinde Jesu, so, wie die Gemeinde selber vom Gebet dessen lebt, der unaufhörlich für sie wacht.
Von sonst gar nichts lebt diese Welt! Von ihren technischen Erfindungen schon gar nicht. Wir sehen, wie dieser vermeintliche Fortschritt unseres Jahrhunderts ins Chaos führt und sich selber frißt. Vom Taumeltanz ihres bißchen Vergnügens lebt sie auch nicht: das Lied der Freude bricht jäh ab, wenn das Gespenst des Todes sich im Türrahmen zeigt. Die Welt lebt nur vom Gebete der Gemeinde Jesu, sie lebt nur vom Gebete dessen, der den letzten Seufzer der Sterbenden und Geängsteten nimmt und ihn vor Gottes Thron bringt. Dieses Gebet hält die Gerichte auf, um dieses Gebets willen leben wir noch.
Noch ein paar kurze Stellen unseres Textes seien wenigstens angedeutet:
Jesus begnügt sich nicht damit, nur für die Seinen zu beten. Er kommt auch *zu* ihnen, er geht über das bewegte Meer, er holt sie gleichsam ab. Jesus ist immer bei uns in den Schrecken und Katastrophen. Gerade die Passionszeit lehrt uns ja, wie Jesus selbst in den Schatten des Todes kommt, um uns abzuholen, und wie er darum auch *dann* nicht von mir scheidet, »wenn ich einmal soll scheiden«. Sie lehrt uns, wie Jesus selber alle Einsamkeiten, Anfechtungen, Ängste und Gott-

verlassenheiten an sich selber durchmacht, damit er in allem uns gleich und unser Bruder werde und Mitleid haben könne. So ist er auch hier inmitten des Wetters hoch auf den Wellen und steht als leuchtende Erscheinung vor dem erstaunten Auge der Jünger.
Und sie – sie halten ihn für ein Gespenst, für ein Wahngebild in der Katastrophennacht.
Wie kommt das?
Wir Menschen sind sehr merkwürdig: Wenn auf einmal das Rasen des Orkans und das Peitschen der Wellen sich gelegt und wenn sich eine plötzliche und sanfte Stille über die erregte Natur gelegt hätte, dann könnte man verstehen, daß der Sohn Gottes über die Wasser und über die Erde geschritten wäre – so wie das in unseren Märchen ja manchmal vorkommt.
Aber daß Gott mitten in den Katastrophen erscheinen soll, das will nicht in unseren Sinn. Sind wir nicht alle geneigt, in unbegreiflichen Notsituationen das Angesicht unseres himmlischen Vaters zu einer höhnischen Fratze sich verziehen zu sehen, bis es die Züge der Schicksals- und Zufallssphinx annimmt? Gott droht uns allen über den großen Leiden, die wir durchzumachen haben, zu einem Gespenst zu werden. Die Welt müßte väterlicher aussehen, wenn wir an einen Vater glauben sollten, und das Wort des Psalmisten: »Dennoch bleibe ich stets an dir . . .« will uns nicht über die Lippen. Gott ein Gespenst, Christus ein Wahngebild! Wahrhaftig, wir wissen, was damals durch die Seele der Jünger ging!
Und doch wird in dieser Geschichte mit aller Deutlichkeit gezeigt: Gott kommt gerade und gerne mitten in den Katastrophen und in den Bezirken des Todes. Wenn ich euch heute fragen würde, wann ihr die entscheidenden Gottesbegeg-

nungen in eurem Leben gehabt hättet, so würde ich kaum zur Antwort bekommen: In den Stunden der Freude. Mancher aber würde vielleicht sagen: Ich habe jene Begegnungen erlebt, als meine Welt zusammenbrach, als die großen Wehen der Geschichte und meines Lebens über mich hereinstürzten. – Wir beginnen auch heute zu ahnen, warum das so ist. Gerade wenn die Grundlagen unseres Lebens wanken, wenn unser heimatlich Vertrautes von der Übermacht des Unheimlichen umzingelt ist und wenn wir noch keineswegs wissen, ob wir zu den Vernichteten oder Überlebenden eines apokalyptischen Krieges gehören werden, gerade dann beginnen wir die Grundlagen neu zu überprüfen, auf denen wir in Zeit und Ewigkeit stehen können. Gerade dann lernen wir, daß wir hier keine bleibende Statt haben, und gerade dann überkommt uns eine Ahnung, daß es im Ernst nur auf eines ankommt: ob wir durch Jesus Christus Frieden mit Gott haben und dessen gewiß sind, daß weder Tod noch Leben uns der Hand Gottes entreißen können, jener Hand, die über die rasenden Wellen hinweg nach unserem lecken Lebensschifflein greift, und in deren Namen der Sohn zu uns kommt.

Freilich: Wir Menschen haben nicht die Kraft und sind viel zu verfinstert und gottgelöst, um eine solche gleichsam »göttliche Lebensanschauung« in uns zu produzieren und um wirklich alles Vergängliche und Grausige und Zerstörerische zu einem »Gleichnis zu machen«. Wir sehen von uns aus immer wieder nur das Grauen, und gerade die Menschen der hemmungslosen Lebensfreude, die Schmetterlingsmenschen des Augenblicks, wissen vielleicht heimlich und untergründig am meisten davon, weil sie sonst nicht so harmlos in den paar Sonnenstrählchen zu tanzen und herumzuwirbeln suchten.

Nein: Daß wir hinter allem Schrecken und hinter allen Apokalyptischen Reitern dennoch die Vaterhand Gottes sehen dürfen, liegt an einer einzigen Tatsache: daß von dort, wo wir das Gespenst und das Schicksal erwarten, in Wirklichkeit eine Stimme herkommt, die Stimme: »Seid getrost, ich bin's; fürchtet euch nicht!«

Gott sei Lob und Dank, daß wir diese Stimme hören dürfen: »Ich bin es!« Er hat es selber gesagt, daß er, und zwar er allein, es ist, der in Gerichten und Schrecken auf uns zukommt, daß es die Vaterhand ist, die züchtigt, und daß es das Vaterherz ist, das uns heimholt.

Nochmals: Hört die Stimme zwischen all dem Heulen und zwischen den Untergängen: »Seid getrost, ich bin's, fürchtet euch nicht!« »Ich bin bei euch alle Tage bis an der Welt Ende!«

Gott sei Lob und Dank, daß es nicht nur eine Welt der schrecklichen Geräusche, sondern daß es diese Stimme gibt, diese eine Stimme, die sagt: »Ich bin es, seid getrost! O ihr Kleingläubigen, warum seid ihr so furchtsam!«

Warum?

Jesus ging vorüber und sah einen, der blind geboren war. Und seine Jünger fragten ihn und sprachen: »Meister, wer hat gesündigt, dieser oder seine Eltern, daß er blind geboren ist?« Jesus antwortete: »Es hat weder dieser gesündigt noch seine Eltern, sondern daß die Werke Gottes offenbar würden an ihm.« Johannes 9, 1-3

Im Grunde besteht das, was uns am meisten quält, gar nicht in schwierigen Lebenslagen, in körperlichen Schmerzen oder auch in großen Katastrophen, die über unser Leben hereinbrechen. Als unser Volk aus der Tiefe des zerstörerischen Krieges auftauchte, war die nationale Katastrophe vielleicht nicht einmal das Schlimmste. Das Schlimmste war die Frage: Warum ist das viele Blut vergeblich geflossen? Warum mußte dies alles mit Deutschland geschehen? Viele wären vermutlich ruhiger geworden und hätten alles getragen, wenn jemand ihnen dieses Warum und den Sinn von alledem hätte erklären können. Ebenso sind die Menschen unseres Textes von Fragen gequält: Wie kommt es, daß gerade der Blindgeborene mit dem schauerlichen Schicksal ewiger Nacht geschlagen ist? Es ist die Frage des Leides in der Welt, und noch mehr wohl die Frage seiner merkwürdigen und undurchsichtigen Verteilung, die sie umtreibt.

Es ist zweifellos sehr verwunderlich, daß Jesus die Frage einfach ablehnt. Er hat sie auch in anderen Zusammenhängen abgelehnt, als zum Beispiel die Menschen ihn fragten, warum der umstürzende Turm von Siloah gerade diese und jene getroffen und unter seinen Trümmern begraben habe (Luk. 13,1ff). Woran liegt es, daß Jesus auf diese Fragen nicht eingeht? Sollte er etwa nichts von dem wissen, was jeder von uns weiß oder doch dunkel ahnt? Sollte er nichts von dem Zusammenhang zwischen Schuld und Strafe wissen? Unser tiefster menschlicher Instinkt zwingt uns doch, einfach bei allen Unglücksfällen und Katastrophen nach dem Schuldigen zu fragen. Wir fragen nach dem Schuldigen eines Krieges; eine so entsetzliche Katastrophe kann doch nicht von ungefähr über die Völker kommen; es kann doch nicht die spielerische Laune eines Schicksals sein, daß Millionen in den Tod getrieben und alte Kulturen ausradiert werden? Wir ahnen, daß dies alles *Gerichte* sind. Und wo ein Gericht verhängt wird, da geht es um Schuld. – In allen Religionen der Erde bringen die Priester Sühneopfer und macht das Volk Bußgänge, wenn Krieg und Schrecken, Erdbeben und Feuer hereingebrochen sind. So tief ahnt man hier untergründige Zusammenhänge. Und selbst wenn wir für irgendein großes oder kleines Mißgeschick einen Schuldigen einfach nicht finden können, dann *er*finden wir jemanden. So tief ist in uns Menschen das Gefühl dafür ausgebildet, daß hinter Krankheit und Tod, hinter Bomben, Ruinenstädten und zerrissenen Familien eine Schuld stehen müßte. Wir können nicht anders, als angesichts aller Schrecken und Wehen der Geschichte und unseres Lebens die bohrende und verwundende Frage nach dem »Warum« zu stellen. Eine dunkle Witterung *zwingt* uns zu dieser Frage. Es ist die Witterung und die Ahnung dessen, daß es um Gericht und um Schuld geht.

Wir erleben hier wieder einen jener Augenblicke, wo wir uns den Menschen um Jesus aufs engste verwandt fühlen.

Ihre Fragen sind die unseren, ihre Herzensqual ist die unsere, wir stehen dicht hinter ihnen und fragen und sind ganz Ohr, als Jesus nun antwortet. Wir stehen mit unserer Warum-Frage nicht allein vor dem Herrn. Schon das zu wissen, tut gut und ist tröstlich.
Was antwortet Jesus auf die Frage nach der Schuld, auf die größte Warum-Frage unseres Lebens?
Zunächst ist das ganze Erdenleben Jesu eine Antwort:
Als Johannes aus dem Gefängnis die Botschaft schickt: »Bist du, der da kommen soll, oder sollen wir eines anderen warten?«, schickte Jesus ihm die Gegenbotschaft: »Sagt dem Johannes, was ihr seht und hört: Die Blinden sehen, die Lahmen gehen, die Aussätzigen werden rein, die Tauben hören, und die Toten stehen auf und den Armen wird das Evangelium gepredigt.« Damit will Jesus doch sagen: Als Heiland lege ich meine mildernde und heilende Hand auf alle Wunden dieser Welt, auf die Wunden der Seelen und der Leiber. Die Wunde der Seele besteht in dem kranken Gewissen und in dem inneren Hader unseres Herzens, das mit Gott nicht in Ordnung ist und keinen Frieden hat. Zu dieser Wunde unseres innersten Menschen sagt er: »Dir sind deine Sünden vergeben!«
Die andere Wunde empfängt unser Leben durch Schicksal und Leid, durch Krankheit und Armut, durch Kriegsgeschrei, Gewalt und all das Elend dieser Welt, das uns immer so heimatlos macht in ihr. Zu diesem Jammer der gequälten Menschheit sagt er: »Stehe auf, nimm dein Bett und wandle!« Jesus weiß und sagt viel von dem schrecklichen Zusammenhang von Schuld und Leid. Er weiß und sagt, daß es zwei Seiten desselben Risses sind, den der Mensch mit seiner Lossage vom Vater verschuldet hat. Es ist die Welt, die sich aus den Vaterarmen gerissen hat, in der es kalt ist und

in der man so furchtbar einsam sein kann; es ist die Welt, die sich aus den Vaterarmen gerissen hat, in der man zugrunde gehen kann, und kein Hahn kräht danach; es ist die Welt, die sich aus den Vaterarmen gerissen hat, in der es stumme Gräber und unheimliche Irrenanstalten gibt, in der Mißtrauen und Machtgier ihr Gorgonenhaupt erheben und der feuerrote Reiter des Krieges die Völker gegeneinander hetzt.

Es steht eine letzte und anklagende Schuld hinter allen Schrecknissen. Die ausweglose Verwirrung unter den Völkern und die Ruinenfelder stolzer Traditionen auf den Kontinenten sind ein aufgerichtetes Zeichen Gottes, wie weit das selbstzerstörerische Leid einer gottgelösten Welt schon gediehen ist, und vermitteln eine Ahnung davon, wie lawinenartig es noch weiter anschwellen könnte.

In einer erschütternden Schau sieht Paulus im achten Kapitel des Römerbriefes auch die stumme und bewußtlose Kreatur in ein großes Seufzen und Ängsten hineingezogen, weil auch sie in den Weltenbruch verstrickt ist, den die menschliche Lösung von Gott mit sich brachte. Und manchmal, wenn man einem Hund in die Augen sieht, meint man, das greifbar zu erkennen.

Ich glaube, wir verstehen heute alle mehr davon als früher; wir spüren es alle, wenn wir nicht ganz verblendet sind: daß in alledem nicht blinde Schicksale abrollen, sondern daß sich Gerichte vollziehen; daß die großen Heimsuchungen begonnen haben, die rufen: Tut Buße! Laßt euch versöhnen mit Gott. Noch sind die Arme des Vaters, denen ihr euch entrissen habt, nach euch aufgetan. Noch sind die Türen geöffnet und ist das Licht des Vaterhauses angezündet. Noch!

Doch nun führt uns der Text noch an eine tiefere Frage heran. Die Leute, die Jesus hier fragen: »Wer hat gesündigt, dieser oder seine Eltern?«, die Leute, die also durch die

Blume fragen: »Warum ist dieser Mann blind?«, die wissen das alles, was ich soeben sagte. Sie leben alle in der biblischen Tradition und sind über den letzten Zusammenhang von Schuld und Leid im Bild. Aber nun wacht eine *neue* Frage für sie auf; und gerade weil sie an der lebendigen Begegnung mit einem kranken, gequälten Menschen entsteht, ist diese Frage auch selber quälender und aufwühlender als das *allgemeine* Schuld- und Leid-Problem. Ich meine die Frage: »Warum hat das Gericht denn gerade *den* getroffen? Warum muß ausgerechnet *der* durch so viel Leiden hindurch? Und warum fiel der Turm von Siloah gerade auf jene achtzehn, die unter ihm begraben wurden?«

Genauso freilich könnte man die Frage auch in der ersten Person stellen: »Warum muß gerade *ich* durch das Leiden hindurch und vor den Ruinen meiner Hoffnungen stehen? Warum gerade *ich*?« – »Warum hat dieses Unglück gerade meinen Sohn, meinen Bruder hinweggerafft? War sein Leben nicht voller Hoffnungen. Was hat er denn Böses getan? Wer hat hier gesündigt, er oder seine Eltern?« Wir können diese Frage nach dem Warum und nach der Schuld nicht lassen, und die großen Tragödien unseres Volkes – ich denke nur an das Nibelungenlied – wissen davon ebenfalls etwas zu singen und zu sagen.

Kennen wir nicht alle diesen peinigenden Frager in uns, der bald höhnisch und verzweifelt, bald in Schmerz, bald klagend immer nur fragt: Warum? Kein Wasserschwall von Reden, sondern nur ein Worttröpflein von fünf Buchstaben ist diese Frage: »Warum?« Diese Frage kann die tödliche Wunde unserer Seele werden.

Können wir uns jetzt die Mienen derer vorstellen, die Jesus fragen? Wahrhaftig, es ist nicht die interessierte Wißbegierde eines Zeitungsreporters, der mit gezücktem Bleistift einige Notizen darüber erbittet, wie Jesus über eine interessante Lebensfrage denkt, sondern die Männer stehen hier im Namen der ganzen Menschheit, im Namen von uns allen, mit brennenden Augen stehen sie vor Jesus und fragen: »Warum gerade ihn?« – »Warum gerade mich?«

Wir stellten schon die höchst merkwürdige Tatsache fest, daß Jesus keine Antwort darauf gibt. Weshalb nicht? fragen wir noch einmal. Ist auch *seine* Seele wund an dieser Frage? Verschlägt es ihm die Rede, weil plötzlich die Vision seines Kreuzes vor ihm auftaucht, an dem er selber fragen wird: Warum? Warum? – Warum hast du mich verlassen, Gott?

Nein, es verschlägt ihm nicht die Rede: Er sagt den Leuten: Eure Frage ist falsch gestellt. Weder dieser noch seine Eltern haben gesündigt. Vielmehr hat Gott noch etwas mit ihm vor. Er ist blind, damit die Werke Gottes an ihm offenbar werden können. Und dann heilt er ihn und ruft die Herrlichkeit Gottes für alle sichtbar in dieses arme und dunkle Leben herab.

Wir fragen nun ein Doppeltes: Weshalb lehnt Jesus die Frage nach dem Warum ab, und *wie* müssen wir also fragen, wenn die Warum-Frage schon falsch sein soll? Denn vom Fragen und Bohren kommen wir Menschen doch einfach nicht los. Je dunkler es um uns wird und je tiefer die Abgründe sind, die wir durchschreiten müssen, um so weniger können wir darauf verzichten.

Zunächst der *erste* Gesichtspunkt: Warum lehnt Jesus die Frage nach dem Warum ab?

Solange ich frage: »Warum geschieht mir das?«, drehen sich meine Gedanken immer nur um mich selbst. Und wer feinere, vom Evangelium geschärfte Ohren hat, hört daraus eine Anklage: Ich habe es nicht verdient. Wir behaupten eben immer, es ganz genau zu wissen, wie Gott verfahren will. Oft müssen wir später – vielleicht nach einigen Jahren und Jahrzehnten – beschämt bekennen, wie töricht und hochfahrend wir waren, als wir Gott diesen Vorwurf machten. Wie oft hat sich herausgestellt, daß jene dunklen Stunden, derentwegen wir die Faust gegen den Himmel ballten, nur Stationen auf den weisheitsvollen Umwegen seiner Führung waren, die wir nicht in unserem Leben missen möchten. So hilft uns Jesus, wenn er uns die Frage nach dem Warum abgewöhnt, daß wir von der ewigen Anklage gegen Gott loskommen und uns nicht mehr an ihr wundzureiben brauchen.

Ist das alles, was Jesus zu diesem bedrängenden Problem zu sagen weiß? Oder lehrt er uns nun eine *neue* Art zu fragen? Er antwortet den Fragern in unserer Geschichte doch so: Der arme Mensch ist deshalb blind, »damit« die Werke Gottes an ihm offenbar würden. Er hat ihn also in die Nacht der Blindheit geführt, damit das Licht seiner rettenden Gnade und wunderbaren Führungen ihm um so strahlender aufgehen möchte. Und in der Tat: Vom Heilungswunder dieser Geschichte fällt ein heller Schein in alle Nacht des Leidens. Es ist ein Stück von der Lichtspur des Heilands, der durch die Erdennacht schreitet. – Damit ist die ungeheure Befreiung sichtbar gemacht, die Jesus der Not unserer Fragen und unserer hadernden Gedanken bringt. Er lehrt uns nämlich eine sinnvolle Wendung unseres Fragens. Er sagt uns, daß wir nicht fragen dürfen »warum?«, sondern »wozu?«. Mit dieser Wendung der Frage wird Jesus selbst unser Seelsorger. Wenn wir diese Wendung verstanden haben, dann löst sich unsere im Schreck zusammengeschnürte Kehle, dann bekommen wir wieder Luft, dann können wir wieder rufen und werden nicht müde, weil wir aus dem tiefen Frieden unseres Herzens leben können.

Wieso ist das eine ungeheure Befreiung? Indem Jesus uns fragen lehrt »wozu?«, lernen wir von uns selbst hinwegsehen auf Gott und seine Zukunftspläne mit unserem Leben. Wir verlernen, uns in unsere eigenen Gedanken zu verrennen, und erhalten eine ganz neue, positive und kreative Richtung unseres Denkens.

Wir können immer wieder folgendes bemerken: Alle Gemütskrankheiten und alle ausweglosen Traurigkeiten zeigen dieselben Erscheinungen, die der Arzt eine »egozentrische Struktur« nennt. Das soll heißen: Die Gedanken kreisen in den düstersten Stunden solcher Traurigkeit immer um mich selbst: Warum geschieht mir das, wie wird es mit mir weitergehen? Ich sehe keinen Ausweg mehr. Und je mehr ich mich an mich selbst verliere, um so unglücklicher werde ich. Dieses Unglück kann sich bis zu Krankheitsformen – etwa zu Neurosen – steigern. Daher sind auch alle egoistischen Menschen im Grunde unglücklich, einfach deshalb, weil sie selbst die Regenten ihres Lebens sein wollen, und weil darum mit tödlicher Sicherheit der Augenblick kommen muß, wo sie nicht mehr weiter wissen.

Und eben da kommt Jesus mit lindernder Hand, hebt unseren Kopf hoch und zeigt, welches Glück es ist, daß wir eben *nicht* die Regenten sind, sondern daß Gott im Regimente sitzt und alles wohl führt und daß er etwas mit uns vorhat. Dann sehen wir plötzlich von uns weg (allein das schon ist eine unendliche Wohltat, daß wir uns nicht selbst immer im Blick stehen und uns so entsetzlich wichtig nehmen); dann sehen wir plötzlich von uns weg und erkennen über uns Wolken, Luft und Winde und dürfen es wissen: Der diesen allen Wege, Lauf und Bahn gibt, der wird auch mich nicht vergessen und auch für mich ein Ziel meines Laufens und Wanderns im Auge haben. Das ist das Produktive dieser neuen

Art zu fragen. Wir lernen von uns selber wegsehen und auf die Ziele blicken, die Gott für unser Leben bereitet hat.

Die *zweite* Befreiung: Wir Menschen lassen uns immer wieder vom Augenblick beherrschen. Scheint die Sonne, sind wir »himmelhoch jauchzend«. Bricht ein Unglück herein, so scheint alles aus zu sein, und wir sehen durch die nächste Staubwolke nicht mehr hindurch. Unser Herz ist ein trotzig und verzagt und in beidem ein wankelmütig Ding.

Und nun befreit Jesus uns durch die neue Frage »Wozu schickt Gott uns das?« vom Augenblick. Er läßt uns in die Zukunft blicken. Gott hat etwas mit dir vor, und zwar nicht nur mit dir allein, sondern mit der ganzen Welt. Gott ist ein Gott der Ziele. Das Neue Testament lehrt uns deshalb auf Schritt und Tritt immer wieder, auf das Ende aller Dinge zu blicken, wo die verwirrenden Straßen unseres Lebens, an denen so viele Ruinen von Hoffnungen und Gräber unserer Liebsten und Nächsten sind, alle an ihr Ziel gekommen und die großen Friedensgedanken Gottes zu Ende gedacht sind. Die Offenbarung des Johannes zeigt uns, wie es an diesem letzten Ende aussieht. Da hallt der Himmel wider von den Lobgesängen derer, die überwunden haben. Sie haben alle im gleichen Jammer gesteckt wie wir, sie haben gelitten, sie haben im Elend gelegen, in dem man keinen Himmel und kein Vaterauge sah. Sie haben aus den Tiefen gerufen, ja, sie haben geschrien: Gott, wo bist du? Und in all dem haben sie nicht geahnt, daß dieser »Irr«-Weg durch Tränen und Jammertäler ein solches Ende finden mußte: daß sie Gott nur noch loben konnten. Auf dieses Lob am Ende läßt Jesus uns schauen und hören, wenn er uns die Frage lehrt: »Wozu?« Diese Frage gibt mir ganz einfach Ruhe, denn man kann in gefährlicher Lage nicht mehr nervös werden, wenn man weiß, es wird gut ausgehen; das alles läuft auf ein Ziel hinaus, das mir zugedacht ist und mir zum Besten dienen muß. Christen sind Menschen, die eine Zukunft haben, in die sie an einer unendlich sicheren Hand geleitet werden. Darum erheben sie ihre Häupter, weil sie um das Nahen dieses Zieles wissen, so merkwürdig auch der Weg ist, der dahin oder auch nicht dahin zu führen scheint.

Die *dritte* Befreiung, die Jesus uns durch diese Frage schenkt, ist vielleicht die größte. Denn Jesus stellt uns mit dieser Frage »Wozu schickt Gott das?« an die Arbeit und gibt uns eine produktive Aufgabe. Die beste Heilsalbe für alle Verzagtheit und Depression ist ja immer Arbeit und Aufgaben.

Es kostet einfach Arbeit und Übung, es kostet sozusagen ein inneres Training, daß wir uns zu dieser Frage »Wozu?« durcharbeiten. Es macht Arbeit und Mühe, einmal von der immer nur negativen Warum-Frage abzusehen. Gott ist immer positiv; alles, was er tut, hat einen positiven und helfenden Sinn. Ich muß nur bereit sein, seinen Weg mitzugehen. Leute, die in ewiger Opposition leben, kommen nie dahinter, welche Absichten Gott mit ihnen verfolgt, und tragen obendrein dazu bei, sie zu durchkreuzen. Von dieser Opposition will der Herr uns befreien, wenn er uns die neue Art der Frage lehrt. Er stellt uns damit eine ganz klare Arbeitsaufgabe für unseren inneren Menschen. Er hat sie gleichsam selber leisten müssen und ist am Kreuz unser »Vorarbeiter« geworden. Oder meinen wir vielleicht, es sei *keine* Arbeit gewesen für ihn, sich von der Frage »Mein Gott, mein Gott, warum hast du mich verlassen?« durchzuarbeiten und durchzuringen bis zu jenem letzten Kreuzeswort: »Vater, in deine Hände befehle ich meinen Geist«, bis zu jenem letzten Einklang und Frieden mit dem, was Gottes Hände mit ihm vorhatten – – ?

Es kostet Arbeit und eine heilige innere Disziplinierung, daß wir nicht zurückblicken auf das, was uns Gott genommen hat, sondern auf die Aufgaben, die Gott uns stellen will.
Ich denke an die von unbegreiflichem Unglück Betroffenen, an die Vereinsamten und Trauernden und sage es im Auftrag Jesu, ich sage es feierlich im Namen unseres Textes, daß ihnen mit all ihrem Schmerz eine *Aufgabe* gestellt ist.
Vielleicht ist mir die Aufgabe gestellt, nun ganz anders für andere Menschen dazusein als bisher, wo ich in meiner gesicherten Welt lebte und darin aufging. Könnte ich die Not anderer überhaupt verstehen, wenn ich nicht selbst in diese Abgründe gerissen wäre? »Wunden müssen Wunden heilen.« Die eigentlichen Helfer ihrer Menschenbrüder sind deshalb auch immer nur die großen *Verwundeten* gewesen, Leute also, die *selbst* unter den größten Schmerzen zu leiden hatten. Nur darum konnte Jesus der Seelsorger werden (oder der Hohepriester, wie ihn der Hebräerbrief nennt), weil er selber den Mächten der Schuld, des Leides und des Todes standhalten mußte und darum Mitleid haben konnte mit denen, die im Schatten dieser Mächte sitzen.
So frage ich im Namen unseres Textes: Bist du bereit, darauf einzugehen und den Menschen zu suchen, der dich nötig hat, und die Aufgabe zu finden, die Gott dir stellen will? Ich kann es nur in heiliger Monotonie wiederholen: Gott ist immer positiv, er hat sich etwas dabei gedacht, als er das tat, er hat es »zu« etwas getan. Spürst du den Pflug in deiner Hand, in dieser Hand, die plötzlich so leer geworden zu sein scheint? Siehst du den Acker vor dir liegen? Ein Acker ist es, und nicht die gähnende Leere einer ungewissen Zukunft, wie du in deinem trotzigen Verzagen wähnen möchtest. Nun pack den Pflug an und schaue nicht zurück!
Es ist sehr merkwürdig: Jesus hat ausgerechnet die Armen

seliggepriesen, das heißt die, denen alles aus den Händen gesunken ist, die Einsamen, Hungernden und Dürstenden. Warum hat er das getan? Nur deshalb, weil er etwas vorhat mit allen diesen. Vielleicht muß uns allen einmal, wie jenen Armen, der Boden unter den Füßen wanken, damit wir fragen: Wo ist denn der *wahre* Grund, auf den ich mein Leben gründen kann? Gerade die Stunden, wo uns alle menschlichen Sicherheiten entsinken, wo wir arbeits- und berufslos auf der Straße liegen, wo die Menschen sich von uns zurückziehen, wo die Häuser in Trümmer sinken und es kalt um uns wird, weil die liebsten Freunde tot sind; gerade diese Stunden, in denen wir nicht mehr weiter wissen, können die gesegnetsten unseres Lebens sein, weil uns Gott dann einmal *alles* sein will: Vaterhaus und Freund, Mutterhand und Speise für den kommenden Tag, der Ort, wo wir unser Haupt hinlegen, und das Herz, in dem wir Ruhe finden können; wo wir wieder einmal ganz wie die Vögel unter dem Himmel und die Lilien auf dem Felde sind, die sagen: Ich habe gar nichts, und jetzt muß deine Hand mir alles sein.

Die Väter unseres Glaubens haben fast alle durch dieses Sperrfeuer hindurchgemußt. Sie haben das Schicksal unseres Meisters an Verfolgungen und Nöten als ihr eigenes erlebt. Sie waren oft ärmer als die Füchse mit ihren Gruben und die Vögel unter dem Himmel mit ihren Nestern und manchmal auch hungriger als das ärmste Tier. Aber als ihnen dann Gott Gruben und Nester und Brot wiedergab, da haben sie dies alles als Verwandelte und anders genossen als früher. Sie haben die dunklen Stunden seliggepriesen, in denen der »kommende« Tag in schrecklicher Dunkelheit vor ihnen lag und sie noch nicht wußten, daß er nur eine ganz dünne Wand bildete, die sie von den größten Überraschun-

gen Gottes schied, und ihnen statt des kommenden Tages mit seiner Angst die Ewigkeit geschenkt werden sollte.
Auf alle diese Wunder, die Gott für uns bereit hat, sollen wir blicken: auf die Überraschungen an der nächsten Wegstrecke, auf die Aufgaben, die er uns stellt, und auf die vielen Freundlichkeiten, die er am Wege auf uns warten läßt, vom Händedruck eines wildfremden Menschen bis zum Lächeln eines Kindes: auf alles das sollen wir blicken. Denn das hat Gott mit uns vor. Darum lehrt uns Jesus die Frage: »Wozu?« Gott ist ein Gott der Gaben und der Aufgaben.

Und so sehen wir am Schluß: Alles wird uns unter den Händen verwandelt, wenn wir an der Hand unseres Herrn auf die großen Ziele Gottes loszugehen bereit sind.
Da ist die Befleckung unseres Gewissens, da ist unsere Schuld. An der Hand Jesu dürfen wir auch da mit Furcht und Zittern fragen: »Wozu?« und dürfen uns von Paulus die Antwort geben lassen: Auf daß die Gnade um so mächtiger werde, daß das Kreuz uns um so größer und der Herr uns um so lieber werde.
So ist Jesus der Erlöser unserer Herzen und der Wandler aller Dinge. Er lehrt uns, auf die großen Ziele Gottes zu blicken, weil er selber an diesem Ziele steht. Er ist ja der, der wiederkommen wird, wenn es soweit ist. Auf diese Vollendung seines Werkes ist alles ausgerichtet: Die Tränensaat vieler Schreckensjahre, sie soll aufgehen in einem frommen und guten Herzen »als Saat, von Gott gesät, am Tage der Ernte zu reifen«. – Die ausweglose Verwirrung unter den Völkern und die Ruinenfelder stolzer Traditionen: Sie sind die schrecklichen Fanale des gottgelösten Menschen, der am Ende ist und der nun gefragt wird, ob er sich zu einem neuen Anfang rufen läßt. – Die Nöte deines und meines Lebens, sie

sind der dünne Boden unter unseren Füßen, der wankt, weil Gott uns auffangen will.
Alles ist voller Ziele und Verheißungen. Die Luft ist erfüllt von der Frage Gottes, ob wir bereit sind, auf ihn einzugehen und anzufangen mit dem, was er mit uns vorhat. Das meint Jesus, wenn er sagt, die Dunkelheit im armen Leben eines Blindgeborenen, die Dunkelheit in meinem und deinem Leben sei nur dazu da, daß die Herrlichkeit Gottes dadurch offenbar werden soll. Sie wird auf eine höchst überraschende Weise kommen und kundwerden. Sie wird so kommen und kundwerden, daß wir uns wundern müssen; denn Gott hat eine Zukunft für uns, und seine letzten Trümpfe sind noch gar nicht ausgespielt.
Darum also: »Erhebet eure Häupter, weil sich eure Erlösung naht!«

Das Christusrätsel

Und als er in den Tempel kam, traten zu ihm, als er lehrte, die Hohenpriester und die Ältesten im Volk und sprachen: »Aus was für Macht tust du das? und wer hat dir die Macht gegeben?« Jesus aber antwortete und sprach zu ihnen: »Ich will euch auch ein Wort fragen; wenn ihr mir das sagt, will ich euch sagen, aus was für Macht ich das tue. Woher war die Taufe des Johannes? War sie vom Himmel oder von den Menschen?« Da gedachten sie bei sich selbst und sprachen: »Sagen wir, sie sei vom Himmel gewesen, so wird er zu uns sagen: Warum glaubet ihr ihm denn nicht? Sagen wir aber, sie sei von Menschen gewesen, so müssen wir uns vor dem Volk fürchten; denn sie halten alle Johannes für einen Propheten.« Und sie antworteten Jesu und sprachen: »Wir wissen's nicht.« Da sprach er zu ihnen: »So sage ich euch auch nicht, aus was für Macht ich das tue.« Matthäus 21, 25-27

Der sogenannte »liebe Heiland«, den wir uns immer wieder nur vorstellen möchten als den, der die Kinder segnet, der mit unendlicher Geduld den Verlorenen nachgeht und der selbst noch seinen sadistischen Henkern vergibt, dieser sogenannte »liebe Heiland« schließt hier ein Gespräch über bewegende und schicksalhafte Glaubensfragen dadurch ab, daß er mit lautem Knall die Tür zuschlägt und seine Hörer einfach stehen läßt. Darf ein seelsorgerliches Gespräch so schließen?
Über dieser Geschichte liegt eine ungeheure Spannung. Sie

beginnt mit der Frage: »Aus was für Macht tust du das? Und wer hat dir die Macht gegeben?« Offenbar kommt diese Frage aus einer ehrlichen Bedrängnis des Herzens. Und doch schließt das Gespräch mit dem lapidaren Satz Jesu: »So sage ich euch auch nicht, aus was für Macht ich das tue.«
Fühlen wir uns nicht alle von dieser Absage mit betroffen und zurückgestoßen? Was wollen wir dazu sagen?
Vor allem: Was haben die Leute getan, daß Jesus so hart mit ihnen umspringt? Denn offenbar haben sie etwas Schwerwiegendes getan.
Wie mancher von uns beklagt sich darüber, daß es um Gott so entsetzlich still sei und daß er vor allem, was mit Christus zu tun hat, wie vor einer verschlossenen Tür stehe. Schließlich meint er vielleicht sogar, es sei überhaupt nichts an der ganzen Geschichte, sonst müsse man doch mehr danken. – Angesichts dieser Lage der Dinge müssen wir fragen: Sollte jenes tödliche Schweigen, jene beklemmende Stille um Gott nicht daran liegen, daß er schweigen *will*, und zwar einfach deshalb, weil es mit uns noch nicht so weit ist, daß er zu uns sprechen kann?
Wie dem auch sei: Wir spüren sofort, daß es eine Frage unseres Lebens ist, die hier anklingt, und daß wir in einer sehr direkten und unüberhörbaren Weise in die Geschichte mit verwickelt sind.
Die Geschichte setzt, wie gesagt, damit ein, daß verschiedene kirchlich und öffentlich angesehene Männer zu Jesus hingehen und fragen: Aus welcher Macht tust du deine Taten? Wer hat dir die Macht gegeben? Wer bist du? – Wie ist es zu dieser Frage gekommen?
Jesus hatte durch seine Worte, durch seine Taten und seine ganze Art ungeheuren Eindruck auf die Menschen gemacht. Zunächst *sprach* er schon ganz anders als die anderen Predi-

ger. Man sagte von ihm: »Er predigt gewaltig und nicht wie die Schriftgelehrten und Pharisäer.« Worin lag dieser Unterschied zu Schriftgelehrten und Pharisäern? Sprach er etwa leidenschaftlicher, packender, suggestiver, wußte er mehr von göttlichen Dingen zu sagen als sie? Das alles mochte stimmen, wir wissen es nicht. Aber jedenfalls war dies nicht das Entscheidende.

Dieses Entscheidende lag vielmehr woanders: Die Prediger (also die Schriftgelehrten und Pharisäer) verkündeten mit großem Ernst den Willen Gottes in seinem Gesetz, sie sprachen von seiner suchenden Vaterliebe, von seiner Vergebung, von seinem Bund, den er mit den Menschen geschlossen habe. Jesus hat zwar dieselben Themen, spricht aber in einer umstürzend anderen Art darüber – oder vielmehr: Er spricht überhaupt nicht »darüber«, sondern indem er spricht, greift er handelnd und schöpferisch und völlig neue Tatsachen schaffend in alle diese Dinge um Gott ein.

Steht er vor einem schuldbeladenen Menschen, dann hält er ihm keine Predigt, geschweige denn einen »Vortrag« über das Thema, daß Gott ein Richter sei, vor dem er vergehen müsse, daß Gott aber auch Barmherzigkeit habe und vielleicht einmal Gnade für Recht ergehen lasse, wenn man sich recht zu ihm stelle. Sondern wenn Jesus vor einem solchen Menschen steht, dann sagt er ihm in Vollmacht und auf den Kopf zu: »Dir sind deine Sünden vergeben!« Wenn er das aber sagt, spürt der Mensch, wie seine Ketten zu Boden fallen, er kann aufstehen und als ein neues Geschöpf davongehen. Wenn Jesus zu einem Menschen spricht, dann ist das mehr als ein »Wort«, dann ist das ein Vollzug, geradezu eine schöpferische, eine neumachende Tat. Das konnte kein Mensch. Hier spürte man das, was in der Sprache des Neuen Testaments »Vollmacht« heißt.

Dazu kommt die ganze Art, wie er mit dem Leid in der Welt fertig wird, mit den Krankheiten, mit dem Tod, mit den Sorgen. Die Prediger konnten auch sagen: Einmal kommt der Tag Gottes, an dem er abwischen wird alle Tränen von den Augen, der Tag, an dem es kein Leid mehr geben wird und kein Geschrei. Aber dort, wo Jesus hinkommt, geschieht noch etwas anderes. Da stehen die Lahmen buchstäblich auf, *jetzt* schon auf, und beginnen zu gehen, den Blinden werden die Augen geöffnet, die Armen werden fröhlich und die Geschundenen beginnen zu loben. Wo Jesus hinkommt, da ist die Luft schon jetzt zeichenhaft erfüllt von Andeutungen dessen, was Gott einmal in Fülle und unübersehbar tun wird. Da beginnt schon das Wetterleuchten des kommenden Gottestages am Horizont.

Als die Leute dies alles sehen, können sie nicht anders als ihn fragen, wer er eigentlich sei und woher er die Macht zu alledem nehme. Sie müssen trotz aller Skepsis, trotz aller Antipathie und trotz aller sozialen und weltanschaulichen Vorbehalte gegenüber dieser »Sensation aus Nazareth« feststellen: Er ist schlechterdings anders als wir.

Darum stellen sie die Frage nach seiner Macht.

Diese Frage bedeutet also einfach: Jesus von Nazareth, was steckt eigentlich hinter dir? Bist du *wirklich* anders als wir? Gewiß, irgend etwas ist anders als bei uns und irgend etwas hast du an dir. Du hast eine geheimnisvolle Macht über Menschen und Dinge, und keiner kann die Zeichen tun, die du tust.

So werden die Menschen weiter und durch die Jahrhunderte hin mit ihm reden, sie werden mit ihm hadern und hinter sein Geheimnis zu kommen trachten:

Du hast ein Feuer angezündet auf Erden, Nazarener, es eilt wie ein Weltenbrand um den Globus, es überspringt die

Ozeane und dringt in die fernsten Kontinente. Noch nach Jahrtausenden wird es das tun.

Du hast Macht, Jesus von Nazareth! Kein Zweifel, denn keiner unter allen, die Menschenantlitz tragen, hat sich so durchgesetzt wie du. Millionen haben sich für dich in die Kerker werfen, von den Löwen fressen, auf die Guillotinen schleppen lassen und haben dich mit ihrem letzten Seufzer gelobt.

Kein Zweifel, daß du Macht hast, Jesus von Nazareth, Macht, wie sie nie ein sterblicher Mensch besaß. Cäsaren, Kaiser und Diktatoren haben Reiche gegründet, die in die Ewigkeit dauern sollten, sie haben ihre Grenzen befestigt, gigantische Heere geschaffen, sich als Heilande preisen lassen, aber all ihre Herrlichkeit ist in die Winde zerstoben. Neue Kulturen und Weltreiche sind darüber gewachsen und haben ebenso das Zeichen ihrer Untergänge an der Stirn getragen. Auf jeden noch so strahlenden Aufstieg ist mit völliger Sicherheit die Götterdämmerung gefolgt. Das ist Menschenschicksal und wird es immer bleiben.

Du aber bist geblieben, Jesus von Nazareth, und hast doch kein Reich gegründet und keine Heere gehabt. Du hast die zwölf Legionen Engel, die dir zur Stabilisierung deiner irdischen Herrschaft dienen konnten, *nicht* herbeigerufen. Du hattest nur ein paar Jünger, die im kritischsten Augenblick deines Lebens an dir irrewurden und davonliefen.

Du bist an einem Galgen in armseligem Niemandsland gestorben, und die Weltgeschichte ist über dich hinweggegangen. Doch nein, es ist umgekehrt. Du gehst über die Weltgeschichte hinweg. Immer wieder hören wir deinen Schritt. Die Sterbenden auf den Schlachtfeldern blicken auf, wenn du in ihre letzten Stunden kommst, den Schuldbeladenen huscht ein Schein über das Antlitz, wenn du ihnen die Ketten nimmst, die Geängsteten und Versorgten bekommen Ruhe in ihren Blick, wenn sie dein Wort hören: »Fürchte dich nicht.« In allen Armen und Verachteten gehst du immer wieder neu über die Erde. Deine ewige Wanderschaft hüllt sich in die Maske der Ärmsten.

Ja, du bist geblieben, du rätselhafter Nazarener. Manchmal schienst du freilich verschüttet, und ganze Epochen haben dich totgeschwiegen. Aber immer wieder bist du aus deinem versiegelten Grab emporgefahren und hat es die Menschen ahnen lassen, daß du der Heiland und heimliche Regent der Welt bist.

So sprechen die Menschen aller Jahrhunderte auf Jesus ein, und am Schluß fragen sie ihn: Spürst du denn nicht, wie uns deshalb die Frage umtreibt, wer du bist und aus welcher Macht du das alles tust?

Wer bist du, Jesus von Nazareth?

Bist du eine Persönlichkeit von ungeheurer suggestiver Kraft, daß du das fertigbringst? Bist du ein Genie der Menschenbehandlung, daß du die Leute so an dich kettest und sie für dich leben und sterben läßt? Bist du ein kluger Psychologe, ein geschickter Taktiker der Seele, daß du die religiösen Bedürfnisse der Menschen ausnützt und dich für Jahrtausende unentbehrlich machst?

Oder – oder – bist du Gottes Sohn, bist du der ganz Andere, bist du allein »von oben her«, während wir anderen alle »von unten« sind? Ist es Gottes eigenes Vaterherz, das in dem deinen schlägt, wenn du dich niederbeugst zu den Armen und Kranken? Ist es Gottes eigene Hand, wenn du die deine heilend auf die verwundeten Gewissen und kranken Körper legst?

Bitte, sag es uns, wer du bist: Woher hast du deine Macht? Von Gott oder den Menschen?

Und nun frage ich alle, die mir zuhören oder die dies lesen: Stehen nicht auch wir mit im Sprechchor derer, die so fragen? Für wen von uns ist Jesus von Nazareth denn noch *kein* Problem gewesen?
Wir können der Frage auch folgende Wendung geben:
Ist Jesus irgendein Punkt in der Religionsgeschichte, irgendeine Station im Zuge ihrer komplizierten Abläufe, und sollen wir deshalb nicht mit Recht warten, daß dieser Punkt der Zeitlinie einmal durch einen anderen Punkt abgelöst und überholt wird, daß einmal eine neue Religion kommt, die uns Menschen des technischen Zeitalters besser entspricht, die moderner ist und all die vielen Gesichtspunkte einkalkuliert und berücksichtigt, die wir Heutigen gerne einkalkuliert und berücksichtigt sehen möchten? Leben wir so nicht in einem Interim zwischen Christentum und kommender Religion, »zwischen Ende und Beginn«, wie es Martin Hieronimi einmal ausgedrückt hat?
Oder – ist Jesus der, der einst der zu Ende gehenden Geschichte aus der anderen Richtung entgegenkommen wird? Der als einziger dem großen Heerzuge der Menschheit von der anderen Seite entgegengeht? Ist er der Menschensohn, der König mit Sichel und Krone, der an seinem Tag auf den Wolken des Himmels erscheinen und als der König des kommenden Reiches proklamiert werden wird? Wenn es so wäre – dann freilich dürften wir keines anderen warten.
An der Entscheidung dieser Frage hängt alles. Daran hängt zum Beispiel auch die Antwort auf die Frage, was denn die christliche Kirche sei: ob sie ein religiöser Verein sei oder aber eine Institution, die von den Pforten der Hölle nicht überwunden wird. Daran hängt weiter die Antwort auf die Frage, was denn die Bibel sei: ob sie nur ein literarisches Produkt von antiquarischem Wert oder ob sie das Buch des Le-

ben ist, mit allen Tröstungen dieser und der zukünftigen Welt.

Man kann sich deshalb vorstellen, daß die Mienen der Fragenden aufs äußerste gespannt waren. Denn auf dem Fundament dieser kleinen Frage ruhte ihr ganzes Leben. Wenn Jesus nämlich antwortet: Ich habe meine Macht von Gott, ich bin der Sinn der Geschichte, und einmal am Jüngsten Tage werde ich kommen, zu richten die Lebendigen und die Toten, *diese* Macht habe ich – – dann können sie nicht so weiterleben wie bisher. Dann kommt schlechterdings alles darauf an, mit diesem Christus ins reine zu kommen. Dann müssen sie und dann muß ich anders als bisher über das Schuldproblem in meinem Leben denken; dann muß ich diese entscheidende Lebensfrage in Ordnung bringen; dann muß ich mich anders zu meinen Mitmenschen stellen, denn dieser Jesus hat sie zu seinen Brüdern gemacht und sie damit meiner Liebe aufgegeben; dann muß ich unter seinen Augen an die Arbeit gehen, in seiner Hut in die Schlachten schreiten, in meiner Einsamkeit an seine Hand mich klammern und noch in meinem letzten Stündlein mich seiner getrösten.

In dieser einen Frage nach Christus verdichten sich im Grunde alle anderen Lebensprobleme. Deshalb liegt auch eine so elektrische Spannung über dieser Geschichte.

Wie ungeheuer diese Spannung um Christus sein kann, habe ich einmal erlebt, als ich seelsorgerlich mit einem jungen gottgläubigen Soldaten zu tun hatte, der in einem Lazarett auf seinen Tod wartete. Ich erfuhr bei meinem Besuch, daß vorher der katholische Geistliche bei ihm gewesen sei, daß er gebeichtet und den Entschluß kundgetan habe, katholisch zu werden. An diesem Christus müsse etwas sein, hatte er gesagt, er habe das an seinen christlichen Kameraden bemerkt. Wenige Stunden später aber bäumte sich alles aufs neue in ihm auf; die Christusfrage, so lange umgangen, wollte sich ihm nicht lösen, und mit letzter Kraft warf er die Wärmflasche nach dem Kruzifix, das an der Wand seines Krankenzimmers hing.

So kann diese Frage bis ins Körperliche hinein zu einer geballten Ladung werden, die einen zerreißt. Besonders wenn sie, wie in diesem Fall, immer wieder vertagt worden ist und nun einfach in der letzten Stunde auf den Plan tritt und sich diesmal nicht mehr abweisen läßt.

Was wird Jesus tun, wenn die Menschen, wenn du und ich mit diesen fragenden Augen vor ihm stehen? Muß er nicht ja oder nein sagen, *muß* er das nicht – – ganz einfach um des Seelenfriedens dieser Leute, um meines und deines Seelenfriedens willen?

Statt dessen antwortete er: »Ich will euch auch ein Wort fragen.« Er stellt also eine Gegenfrage.

Das tut Jesus eigentlich immer in seinen seelsorgerlichen Gesprächen. Er lehnt es ab, einfach nur zu antworten auf unsere Lebensprobleme, zum Beispiel auf die Frage, was der Sinn unseres Lebens sei, was nun gelten solle, Gott oder das Schicksal, was mit uns nach dem Tod geschehe. Er lehnt es ab, uns einfach eine solche Antwort gebrauchsfertig vor die Füße zu legen.

Sondern Jesus zwingt uns selber seine Fragen auf. Er sondiert und nimmt eine Prüfung mit uns vor. Wer hier ausweicht, kann gleich wieder gehen, er kommt nie dahinter, wer Jesus ist und von wem er die Macht hat.

Diesmal stellt er die völlig unerwartete Frage: »Woher war die Taufe des Johannes? War sie vom Himmel oder von Menschen?«

Welchen Zweck mag er mit dieser Frage verfolgen, mit dieser sehr befremdlichen Frage, die sich nicht nur im Ton zu vergreifen, sondern auch in der Situation der Frager zu irren scheint? Der einzige Zweck dieser Frage ist der, festzustellen, ob den Leuten ihre Christusfrage wirklich und bis ins letzte ernst ist. Ihre Ernsthaftigkeit kann man nämlich ganz einfach daran erkennen, ob sie bereit sind, sich festlegen zu lassen und verantwortlich Stellung zu nehmen. Einmal nämlich müssen sie bereit sein, auf Grund der Gegenfrage Jesu sich *Gott* gegenüber festlegen zu lassen: Wenn sie zugeben, der Bußprediger Johannes habe in göttlichem Auftrag gehandelt und gepredigt, dann legen sie sich fest als solche, die mit Gott nicht in Ordnung sind; denn eben dies und nichts anderes hatte der Täufer Johannes behauptet. Dann bekennen sie: Wir, vor denen die Leute Respekt haben, sind vor Gott arme, verunglückte Existenzen, wir müssen umkehren, wenn Gott uns soll gebrauchen können. Wir müssen ganz neu werden. Dies und nichts anderes müssen sie dann ohne Wenn und Aber zugeben. Darauf müssen sie sich »festlegen« lassen.

Oder aber sie müssen bereit sein, sich vor den Menschen festzulegen und offen die These zu vertreten: Johannes hat nicht recht gehabt, er war ein menschlicher, allzu menschlicher Schwärmer und Schwarzseher. Wenn sie sich darauf festlegen, begeben sie sich zweifellos in Lebensgefahr, denn diese Behauptung ist so unpopulär, daß sie Gefahr laufen, dafür den Schädel eingeschlagen zu bekommen. Sie dürfen ruhig sagen, daß Johannes ein Schwärmer gewesen sei, Jesus wird ihnen das kaum übelnehmen, aber *wenn* sie es sagen, dann sollen sie auch die Folgen auf sich nehmen. So testet Jesus sie, ob es ihnen ernst ist. *Ob es ihnen ernst ist* (wie auch immer sie diese Frage beantworten!), darauf kommt alles an.

Es gibt ja einen Typ des religiösen Fragers – wir haben ihn in der Geschichte von Nikodemus vor uns –, der es zweifellos nicht ernst meint, der sich darin erschöpft, große Diskussionen über weltanschauliche und religiöse Themen vom Stapel zu lassen, der gerne im Halbdunkel dieser prickelnden Probleme schweift, der sie beim Tee behandelt und dabei seinen Geist brillieren läßt. Vielleicht ist er auch philosophisch geschult, und man merkt ihm die Durchdachtheit seiner Gründe und Gegengründe an. Das ist alles möglich. Aber eines will der religiöse Diskussionsredner auf *keinen* Fall: Er will sich nicht festlegen lassen! Er will keine Entscheidung fällen, er ist nicht gewillt, sich von Jesus aus der Bahn werfen zu lassen. Alles, was er sagt, soll sich nur unverbindlich auf der Ebene des Geistes bewegen, aber nur nicht den Charakter des Ernstfalles annehmen.

Wir können nun immer die Beobachtung machen, daß Jesus Christus dieser Art Mensch *keine* Antwort gibt. Er gibt nur denen Auskunft, die wirklich bereit sind, sich in den Ernstfall mit Gott hineinzuwagen; den bloßen Zaungästen und Zuschauern versagt er sich. Es gibt eben Dinge im Leben, die nur im Einsatz, nur im Ernstfall erkannt werden können.

Jetzt verstehen wir wohl, was Jesus mit seiner Gegenfrage sagen will:

Bist du bereit, eventuell (das heißt, wenn dir klarwerden sollte, daß meine Macht von *Gott* stammt) dein ganzes Leben zu ändern und zu revidieren? Bist du bereit, Ernst damit zu machen und auch vor die Menschen hinzutreten mit deinem Bekenntnis, selbst wenn das unpopulär sein sollte (so wie es unpopulär gewesen wäre zu behaupten, die Taufe des Johannes sei nur Menschenwerk gewesen)? Nur dann wirst du erkennen, wer ich bin, nur dann! Die bloße Neugierde nach Jesus von Nazareth und ein unverbindliches Gottsucherspielen bringt dich nicht zum Ziele.

Nur wer die richtige Einstellung, nämlich die Einstellung des Gehorsams zu Christus hat, bekommt ihn in den richtigen Blickwinkel. Nur der erlebt die Petrusstunde von Cäsarea Philippi, wo er sagen muß: »Du bist Christus, der Sohn des lebendigen Gottes!«

Wer diesen Ernstfall *nicht* mitmacht, kommt nie darüber hinaus, in Jesus einen bedeutenden und menschlich anerkennenswerten Religionsstifter zu sehen, von dem man sich nach angemessener Frist durchaus abwenden darf, um nach neuen Religionsstiftern Ausschau zu halten. In unzähligen Debatten über Christus habe ich die Erfahrung gemacht: Das, was zwischen den Menschen und Christus steht, sind eigentlich kaum jemals Gründe der Vernunft, sondern Sünden. Man wollte dieses und jenes nicht lassen, man wollte bestimmte Vorbehalte und Reservate und Privilegien Gott gegenüber behalten, und deshalb durfte Christus nicht Christus sein, weil es sonst damit aus gewesen wäre. Wer sich nur in unverbindlicher sogenannter »Gottgläubigkeit« gefällt (die nichts kosten soll), darf sich deshalb nicht wundern, wenn er vor den Kulissen sitzenbleibt und die entscheidende Frage seines Lebens, die Christusfrage, verfehlt. Alle sogenannten Sympathien gegenüber dem Christentum helfen ihm weniger als nichts. »Nur wer den Willen *tut* meines Vaters im Himmel, wird innewerden«, von wem ich die Macht habe, ob meine Lehre von Gott ist und wer ich bin.

Jetzt spüren wir, wie Jesu stille Worte weitergehen: Du wirst nicht fertig mit der Frage, wer ich bin? Du zergrübelst dir den Kopf über die Dogmen, über meine Gottmenschheit, über Jungfrauengeburt und ähnliches? Versuch statt dessen einmal etwas in meinem Namen zu tun, meinetwegen, »als ob« ich schon in deinem Leben wäre. Versuch einmal, dein Leben mir zuzuordnen: Reiche einem Durstigen in meinem

Namen einen Becher Wasser, vergib einem anderen, weil ich auch dir vergab. Übergib mir eine Leidenschaft, an der du hängst; wage, mir dein innerstes Herz bloßzustellen und vor mir ein Sünder zu werden. Wage es, dein Herz vor mir eine Mördergrube sein zu lassen, auch wenn es wehe tut. Sei gewiß, daß du dann auf einmal ganz anders über dich denken, eine ganz andere Stellung zu mir finden wirst, als du es je vermuten und erträumen konntest, während du mit theoretischen Gedanken nach mir suchtest.

Nur wer ihn einmal so, gleichsam »vorweg« liebt, wer ihn einmal so zu lieben *wagt*, wird das Geheimnis Gottes, auch des Kreuzes, des Christfestes, des Karfreitags und des Osterfestes, verstehen.

Wer ihn so liebt, daß sein Verhältnis zum anderen Menschen dadurch gereinigt wird, daß es ausstrahlt in seinen Beruf, in seine Gespräche, in die Art, wie er sein Schicksal trägt; wer in allen Lebenslagen und Geschichtsläufen, von denen andere umgeworfen werden, zu sprechen wagt: »Dennoch bleibe ich stets an dir«; wer dann sagt: Ich bleibe dein liebendes Kind, auch wenn dein Angesicht einen Augenblick verschwunden ist und die schreckliche Kulisse des Rätsels sich davorzuschieben scheint; wer ihn so liebt von ganzem Herzen, von ganzer Seele und von allen Kräften; wer sich ihm einfach hingibt und es einmal mit ihm riskiert; wer sich ihm vor die Füße legt: »Nun mach mit mir, was du willst, du Nazarener, wer du auch seist, ob du ein Mensch bist oder Gottes Sohn, ob du das Herz des Vaters bist oder ein erdichteter Traum menschlicher Sehnsucht, hier hast du mich einmal auf Probe«: Wer ihn *so* liebt – den wird er nicht hinausstoßen, und der wird nicht zum Narren werden in seiner Hoffnung.

Wer ihn so liebt, dem wird er erscheinen als der, dem alle Ge-

walt gegeben ist im Himmel und auf Erden, dem wird er sichtbar werden als einer, der Vollmacht hat, Sünden zu vergeben und Ketten zu zerreißen.
Indem er mir aber so erscheint, wird mir ein Wort von den Lippen strömen, das ich bei allem religiösen Grübeln nicht finden konnte, jenes Wort, das die fragenden Pharisäer nicht sprechen durften, das aber ausgerechnet der Zweifler Thomas sagen mußte, das Wort:

»Mein Herr und mein Gott!«

Der Abgrund der Verlassenheit

Und um die neunte Stunde schrie Jesus laut und sprach: »Eli, Eli, lama asabthani?« das ist: »Mein Gott, mein Gott, warum hast du mich verlassen?« Matthäus 27, 46

In jenen Räumen der Weltgeschichte, die für uns übersehbar sind, sind viele Märtyrer gestorben: leuchtenden Angesichts wie Stephanus, der den Himmel offen sah, als er unter dem Hagel von Steinen zusammenbrach, Lobgesänge singend wie die »Letzte am Schafott« in Gertrud von le Forts Novelle, in lächelnd überlegener Resignation wie Sokrates.
Das alles ist vergangen und ist Geschichte geworden, selbst wenn das große Beispiel wie ein Licht herüberleuchtet und im ehrenden Gedenken späterer Generationen bewahrt bleibt.
Hier aber, auf der Schädelstätte von Golgatha, ist das ganz anders: Da erbebt der Kosmos – und es ist unsere Erde, die da zu zittern beginnt; da verliert die Sonne ihren Schein – und es ist unsere Sonne, die ihr Antlitz verhüllt und das grausame Schauspiel nicht mehr sehen kann.
Und auch die anderen, die in dieser Szene auf- und abtreten, sind Menschen aus unserer Welt:
Da ist der Hauptmann unter dem Kreuz, der die Hintergründe des ganzen Geschehens nicht begreift, der aber so etwas wie ein religiöser Mensch ist und voller Erschütterung bekennen muß: Dieser Gehenkte da ist fürwahr ein frommer Mensch gewesen! Da sind die Frauen, die von der Grau-

samkeit dieses Schicksals angerührt sind, denen es einfach ans Herz und an das Gemüt rührt. Sie sind von der menschlichen Seite dieses Dramas überwältigt. Da sind die Würfelspieler, die mit ahnungslosen Trivialitäten eine Stunde verdösen, in der wenige Meter entfernt ihr eigenes und aller Menschen ewiges Schicksal besiegelt wird. Da sind die Sadisten, die Sensationsgierigen, die Gleichgültigen; da ist die führende Oberschicht und die Bildungswelt mit ihren vermeintlich »höheren« Gesichtspunkten und hält eben das für einen banalen Kriminalfall, worin Gott der Geschichte ihr eigentliches Thema gibt. Da sind die »existentiell« interessierten Jünger, aufgewühlt und hilflos, und da sind endlich die ewigen Mitläufer, die alles aus der Zuschauerperspektive sehen, ein bißchen religiös interessiert, aber vor allem darauf aus, daß ihre Nerven einige Vibrationen erleben, und es ist gleichgültig, ob sie durch liturgische Zeremonien im Tempel oder durch die blutige Senstion auf dem Hügel Golgatha ausgelöst werden.

Ist das alles nicht unsere Welt, was hier mitspielt, was da erbebt und neugierig, was da ergriffen und gleichgültig ist? Der eine richtet seine Gedanken auf den, der hier als Heiland für ihn starb: Er neigt sich ihm mit dem Gebetswort: Ich will hier bei dir stehen, verachte mich doch nicht. Der andere ist ergriffen von der menschlichen Größe und Einsamkeit dieses Einen, dem man in seiner Sterbestunde ein stilles Gedenken weihen sollte; ihn treibt die Ehrfurcht vor der menschlichen Größe dieser Gestalt. Wieder ein anderer hat Schwerstes in seinem Leben ertragen müssen und fühlt sich zu dieser Gestalt hingezogen, weil sie ein Gefährte seines äußersten Schmerzes ist. »Wunden müssen Wunden heilen.« Und auch die Würfelspieler dicht neben dem Kreuze fehlen heute nicht: Wie mancher mag in dieser Stunde behaglich frühstücken oder im Rundfunk nach irgendeinem Jazz-Rhythmus fahnden, wo doch das ungeheuerste Sterben abermals mit seiner Gegenwart nach uns greift. Wahrlich, dieses Sterben ist anders als alle Untergänge der Märtyrer. Denn das hier auf Golgatha ist nicht vergangen, da spielen wir alle mit. Und auch der Sterbende selbst ist so unendlich anders: Er legt nicht in stoischer Überlegenheit lächelnd das Kleid des Körpers ab, um aus der Erdenschwere hinweg in den reineren Glast des Himmels versetzt zu werden, sondern hier wird geschrien, hilflos, verzweifelt und in der grausamsten Einsamkeit geschrien, hier sind die Schrecken eines ausweglosen Untergangs: Es muß ja schon einiges geschehen sein, ehe jemand, der in ständigem Umgang mit der Ewigkeit gelebt und geatmet hat, zu guter Letzt schreit: »Mein Gott, mein Gott, warum hast du mich verlassen?« Und also ist dieses Sterben wohl anders als alles sonstige Sterben.

Was geschieht denn hier?

Weit über die körperliche Qual der Kreuzigung hinaus, die schon grausig genug ist, leidet dieser Mann alles, was an Schmerz und Weh das Herz seines Vaters erfüllt. Wie ungeheuer muß man umdenken lernen, um dies Eine zu verstehen: daß Gott an uns leidet.

Wer als interessierter Mensch heute auf die Idee käme, einmal die Bibel durchzulesen, so wie er auch andere Bücher der Weltliteratur liest – einfach aus einem gewissen Bildungsverlangen –, täte das vielleicht mit der heimlichen Frage: Ich will einmal an einem klassischen Dokument die religiöse Sehnsucht der Menschheit studieren; ich will einmal sehen, wie weit die Menschen bei ihrem Suchen nach der letzten Wirklichkeit gekommen sind. Und gerade ein solch interessierter Leser würde bald mit Verwunderung feststellen müssen, daß das biblische Thema ihn gerade zu der umgekehrten Fragestellung nötigt, zu der Frage nämlich: Was Gott alles unternommen habe, um den Menschen zu finden und ihm zu helfen.

Kaum daß er diese Umkehrung richtig begriffen hat, muß er – sicher nicht ohne Erschauern – eine Tatsache bemerken, die der moderne Bildungsmensch vielleicht eine Tragödie Gottes nennen würde: Er sieht nämlich, wie Gott überall anklopft, wie er segnend, richtend, heimsuchend, wie er im Wetter schrecklicher Katastrophen und durch das Geschenk reicher Lebenserfüllungen immer nur das eine will und erstrebt: daß die Menschen ihn finden und zum Frieden kommen möchten. Und immer wieder begreifen die Menschen sein Locken und Nachgehen nicht; er hat dich im Bombenkeller besucht und in der Not des Gefangenenlagers; er hat dich überleben lassen und dich mit Menschen gesegnet, die dir im entscheidenden Augenblick begegneten. Bist du nicht immer wieder über alle diese kleinen und großen Zeichen zur Tagesordnung übergegangen und hast über dem zeitlichen Tag den Anruf der Ewigkeit vergessen? So verstehen wir die göttliche Klage: »Ein Storch unter dem Himmel weiß seine Zeit, eine Turteltaube, Kranich und Schwalbe merken ihre Zeit, wann sie wiederkommen sollen; aber mein Volk will das Recht des Herrn nicht wissen« (Jerem. 8, 7).

Genau das meine ich, wenn ich von dem Schmerze Gottes, meinetwegen auch von der »Tragödie« Gottes sprach. Jeder von uns hat schon irgendwann einmal erfahren, daß der Schmerz um einen andern Menschen, dem man nicht helfen kann, weil er sich nicht helfen lassen will, um so größer wird, je mehr man ihn liebt.

Wie groß die Qual Gottes um dich ist, kannst du nur begrei-

fen, wenn du dir klarmachst, wie sehr du geliebt bist und in welchem Maße sich Gottes Gedanken mit dir beschäftigen.
Und nun ist es geradezu so, wie wenn dieses Leid Gottes an uns Menschen sich in Jesus Christus verdichtete – keineswegs nur in seinem Sterben. Denn Jesus von Nazareth erfährt ja das göttliche Schicksal von Anfang an. Schon als er geboren werden soll, wird seine Mutter abgewiesen, und ein Stall ist gerade gut genug für ihn. Schon als Säugling muß er auf die Flucht. Dann gehört sein ganzes Leben der einen Versicherung (der in Wort und Tat und Leiden vollzogenen Versicherung), daß Gott für uns bereitsteht. Sein Leben gehört dem einen Ruf, daß wir doch darauf eingehen möchten, daß wir die Freude und die Erfüllung doch in Anspruch nähmen, die uns da bereitet sind.
Und immer wieder heißt es, daß man ihn nicht begreift, daß man ihn nicht will, daß man so weiterzumachen wünscht wie bisher und daß er nur als leidiger Störenfried verstanden wird, wo er doch den gestörten Frieden gerade herstellen möchte.
Zuletzt hörte man als das Fazit dieses Lebens die Klage: »Jerusalem, Jerusalem, wie oft habe ich deine Kinder versammeln wollen, wie eine Henne versammelt ihre Küchlein unter ihre Flügel; doch ihr habt nicht gewollt!«
Und nun ist es soweit. Nun wird das Kreuz errichtet. Das ist das Ende. So scheitert Gott an den Menschen. Golgatha ist ein Schmerz in Gott.
Ich sagte vorhin, daß der Schmerz Gottes deshalb so groß sei, weil er uns so sehr liebe. Jeder, der einen geliebten Menschen vor die Hunde gehen sieht, der es, ohne helfen zu können, mit ansehen muß, wie er Schritt für Schritt in sein Verderben rennt, weiß, daß das einem Sterben, einem Mit-Sterben gleichkommt. Denn wenn ich jemanden liebe, erlebe ich

alles mit, und das Unglück des anderen ist mein eigener Schmerz.

So ist es am Karfreitag mit dem Gottessohn. Er trägt die Schuld der Welt. Vielleicht klingt das so sehr dogmatisch. Man kann es aber gut verstehen – einfach als Mensch verstehen –, wenn nur das eine klar ist: Hier schlägt das Herz des Heilands mit brennender Liebe für seine verirrten und unglücklichen Kinder. Und weil er sie so liebt, versteht er sie. Und weil er sie versteht, leidet er alles mit durch.

Sein unendliches Verstehen macht stellvertretend alles das mit durch, was die Menschen von seinem Vater scheidet: Die Würfelspieler unter dem Kreuz, die Dirnen, die Henkersknechte, die Zöllner, die Pharisäer wissen ja gar nicht, wie verloren sie sind und in welcher schauerlichen Fremde sie stecken. Sie spielen darüber hinweg, sie vegetieren stumpfsinnig dahin oder machen sich Illusionen. Aber der Sohn Gottes weiß – gerade weil seine Liebe ihn so entsetzlich hellsichtig macht – um die abgründige Not dieser aller. Er weiß und trägt das alles gleichsam für sie mit.

Wer von uns allen trägt denn wirklich selber seine Schuld, wer von uns hat denn überhaupt nur den *Versuch* gemacht, alles das, worin sein Leben nicht in Ordnung ist, seine Gier, seine Angst, seine Herzlosigkeit gegenüber dem Nächsten, auch nur einmal in einer realistischen Selbstprüfung durchzumustern und ihm standzuhalten? Mein Gott, wir gingen ja daran zugrunde. Darum spielen und würfeln und träumen wir darüber hinweg; darum verdrängen wir das mit jener hochentwickelten Technik, über die auch der primitivste Banause verfügt.

Der Gottessohn aber sieht das alles; er sieht dich und mich in dem alles durchdringenden und alles enthüllenden Licht der Ewigkeit; er sieht alles das an uns, was wir selber *nicht* sehen; er umgreift mit einem einzigen Blick alle Schuld, die je begangen wurde, alle Verlorenheit, in die je ein Mensch verstrickt war.

Und er sieht das alles nicht als allwissender Diagnostiker, der fremde Krankheitsbilder betrachtet, die ihn im Grunde nichts angehen, sondern er sieht das alles wie ein Arzt, der auf dem Röntgenbild das tödliche Karzinom seines geliebten Sohnes sieht. Darum liegt das alles wie Zentnerlast auf seinem Herzen. Uns drückt es eigentlich ziemlich wenig; aber er trägt es an unserer Statt als einer, der uns liebt und uns darum besser versteht, als wir uns selbst verstehen. »Fürwahr, er trug unsere Krankheit und lud auf sich unsere Schmerzen ...« Ahnen wir jetzt, was das heißt und was auf Golgatha gelitten wurde?

Nur darum kann uns dieser Schmerzensmann vergeben. Wer wirklich vergibt, muß selber in den Zwiespalt treten. Ich kann ja auch meinem Nächsten nur dann vergeben, wenn ich mich an seine Stelle versetze und wenn ich das Böse, das er mir angetan hat, an meinem eigenen Herzen durchleide, wenn ich es so erlebe, wie wenn ich es selber getan hätte. Der Satz: Alles verstehen heißt alles verzeihen, ist barer Unsinn.

Es ist genau umgekehrt: Wenn ich meinem Nächsten vergebe, *dann* lerne ich ihn verstehen – so sehr verstehen, daß ich plötzlich an seiner Stelle stehe und daß mir dann klar wird: So hätte auch ich handeln können; das, was der andere mir angetan hat, das liegt auch in meinem Herzen auf der Lauer.

Welches Leiden, welche Erniedrigung liegt deshalb darin beschlossen, daß der Gottessohn unseren Zwiespalt mit Gott, daß er unsere eigene Gottverlassenheit an sich selber durchmacht! Darum dürfen wir es ihm (wirklich nur ihm!) tat-

sächlich glauben, daß er uns unsere Schuld vergeben hat und etwas Neues aus uns machen kann. Wir glauben ja immer nur einem Menschen, der ein Kamerad unserer Not ist. Wir gehen auch nur zu einem solchen Seelsorger, von dem wir wissen, daß er aus eigener Erfahrung und eigenem Erleiden eine Ahnung von den Abgründen hat, die in uns selber aufgebrochen sind. Und wir meiden einen Seelsorger, der psychologisch noch so bewandert, noch so lebensklug und noch so routiniert sein mag, der aber keinen eigenen Bezug zu den Dingen besitzt, die uns zu erdrücken drohen. Im Krieg hat man den Soldatenpfarrern nur dann ihre Botschaft abgenommen, wenn sie mit in den vordersten Graben kamen und wenn sie nicht aus der Etappe einen billigen Trost herüberwinkten. Jesus kämpft hier auf Golgatha wirklich in dem vordersten Graben. Ihm ist nichts Menschliches fremd. Er versetzt sich so sehr in unsere eigene Verlorenheit hinein, oder besser und richtiger: er steckt so sehr darin, daß er an unserer, wirklich an unserer Stelle rufen und schreien muß: Mein Gott, mein Gott, warum hast du mich verlassen?
In diesem Wort ist er ganz unser Bruder. In seiner körperlichen Qual – unter irrsinnigen Schmerzen und, verdurstend in der Sonnenglut, einem gnadenlosen Ende entgegenduldend – trägt er alle Schmerzen, die je in Krankenhäusern, auf Schlachtfeldern und auf Sterbebetten erlitten wurden, zu seinem Vater. Und nicht nur die Schmerzen selber, sondern auch jene bängste und beklemmendste Angst, der wir immer dann verfallen, wenn wir in unseren Schicksalen die Hand des Vaters nicht mehr sehen. Denn, nicht wahr, auch das Schwerste können wir ja so lange ganz gut tragen, wie wir es »annehmen« können, wie wir einen Sinn in allem sehen und wenigstens von ferne die höheren Gedanken ahnen können, die auch über dem Schlimmsten gedacht werden.

Aber wenn wir keinen Sinn und keine väterliche Hand mehr sehen, dann schlägt die Finsternis über uns zusammen. Jesus wäre nicht unser Bruder, wenn er nicht auch dieses Letzte erlitten hätte und wenn er nicht auf der untersten Sohle aller Anfechtungsqualen hätte schreien müssen: Mein Gott, mein Gott, warum hast du mich verlassen. Das heißt doch: Ich will ja alles ertragen, alle Einsamkeit, alle physische Qual, alle Herzensangst, wenn ich nur einen Blick von dir erhasche und einen Druck deines kleinen Fingers spüre. Aber ich sehe deine Augen nicht mehr, und deine Hand ist von mir abgezogen. Das ist die Hölle, so leiden zu müssen.

Manfred Hausmann hat in seiner Betrachtung über das Sigmaringer Christusbild, die den Titel trägt »Einer muß wachen«, diese stellvertretende Qual des Gottessohnes geschildert. Da liegt der Jünger Johannes schlafend an seiner Brust. Und während der Jünger schläft, friedlichen und gelösten Antlitzes, sieht Christus mit unergründlich wissendem Blick in die Welt hinaus, und dieser Blick umgreift allen Jammer der Welt: Er sieht den Schmutz und die Schande in den heimlichsten Winkeln unseres Lebens, er hört das Stöhnen der Gefolterten und von Angst Gepeinigten; er sieht auch das Leiden, das Verfolgt- und Gefressenwerden im Tierreich, er sieht die Qual in jener Welt des Kleinsten, die für menschliche Augen versteckt ist mitten in einem sonnendurchfluteten idyllischen Waldtal. Einer muß wachen und das alles sehen, während wir schlafen oder träumend und unbewegt von dem allen unserer Wege gehen. Einer aber muß wachen und das alles auf sein Herz nehmen. Auf dem Hügel Golgatha ballt sich das alles zusammen und ruht wie eine Bergeslast auf einem einzigen Herzen. Und dieses Herz ist kein Stein, sondern ein weiches Herz, denn es liebt; und darum ruht diese Last nicht nur auf ihm, sondern sie dringt in es ein, sie erfüllt und zerreißt es. Fürwahr, er trug unsere Krankheit und lud auf sich unsere Schmerzen ... Mein Gott, mein Gott, warum hast du mich verlassen! Ahnen wir, was das heißt, daß einer hier an unsere Stelle tritt, daß er genau dorthin tritt, wo wir stehen müßten?

Und doch und mitten in all dieser Solidarität erhebt er sich in majestätischer Andersartigkeit über uns alle. Wie ein Alpengipfel ragt er in Wolkenschichten hinein, die uns sein Geheimnis entziehen und uns der Ebene verhaften: Denn wie anders klingt dieses Wort: Mein Gott, mein Gott, warum hast du mich verlassen? in *seinem* Munde, wie anders klingt es, als wenn wir Menschen verzweifelt ausrufen: Wo bleibt Gott? Wie kann Gott das zulassen? Es ist ja alles Schicksal, Wahnsinn, Zufall!

Wir Menschen schreien so etwas in die Welt hinaus, denn wir brauchen Zeugen für unsere Verzweiflung. Er aber sagt es seinem Vater. Jesus sagt nicht zu den Leuten, die da um sein Kreuz herumgaffen: Gott hat mich verlassen. Ich erkläre meinen Bankrott. Meinen oft zitierten Vater im Himmel gibt es gar nicht. Ich erstatte euch eine grausame Fehlanzeige. Sondern er sagt: »Mein« Gott, »mein« Gott, warum hast »du« mich verlassen. Und also greift er gerade nach dem, der ihn scheinbar losgelassen hat. Also redet er zu dem, der scheinbar gar nicht hört; also rechnet er mit dem, der scheinbar nicht einmal ist.

Wer von uns hat wohl schon jemals, wenn ihm Gott entschwunden war, wenn er keinen Sinn mehr erkennen konnte, gerade zu *ihm* geschrien und *ihm* (ihm!) seine Verlassenheit geklagt? So paradox das alles ist, aber genau das hat Jesus hier getan. Und darum stürzte er nicht aus den locker gewordenen Händen Gottes ab in irgendeinen Abgrund, sondern darum stürzte er eben in diese Hände hinein. Darum konnte er schließlich sagen – aus jener hintergründigen Logik heraus, die den Geheimnissen Gottes angemessen ist –: »Vater, in deine Hände befehle ich meinen Geist.« Die Hände Gottes waren wieder da. Genau im richtigen Augenblick waren sie da, und in der Rückschau müssen wir fragen: Waren die Hände jemals von ihm abgezogen, haben sie ihn nicht *immer* umgriffen und segnend über ihm geruht?

Es ist wohl so: Wir reden wohl alle viel zuviel in der dritten Person von Gott. Wir diskutieren über die religiöse Frage, über das Gottesproblem, über den Sinn des Lebens und über weltanschauliche Fragen. Jedenfalls tun wir das, wenn wir einigermaßen lebendige Menschen sind und nicht mit völliger Oberflächlichkeit im Augenblick aufgehen. In all diesen Dikussionen und Überlegungen ist Gott nur der Gegenstand von Aussagen, aber kein Du, *mit* dem wir sprechen. Darum kommen wir als »religiös Interessierte«, als weltanschaulich bewegte Menschen auch so erbärmlich wenig vom Fleck. Darum finden wir dabei keinen Frieden. Das erste Wort in der Heiligen Schrift, in dem in der dritten Person von Gott gesprochen wird, ist das Wort in der Sündenfall-Geschichte: »Sollte Gott wirklich gesagt haben?« Und das war das Wort der Schlange. Wer nur in der dritten Person von Gott spricht, wer nur die religiöse Frage diskutiert, redet aus einem sehr tiefen Abgrund und aus großer Ferne. Die erste »Diskussion über Gott« wird, wie gesagt, vom Teufel ausgelöst. Das sollte zu denken geben.

Hier aber, am Kreuze, spricht einer, der in dem untersten Abgrund steckt, der gleichsam bis auf die Sohle der Hölle hinabgedrückt ist, in der *zweiten* Person mit seinem Vater, hier sagt einer: »Mein Gott, mein Gott« und ist in alledem plötzlich erhöht und wird an die Brust des Vaters gezogen. Das sollte auch zu denken geben.

Dieses Du, zu dem er sich durchringt, ist sein großer Triumph. Darum trägt der Gekreuzigte auf den romanischen Bildern die Königskrone und die Insignien der Majestät. Denn er ist zu Gott erhöht, weil er in der Tiefe der Verlassenheit nur dieses eine Wort sagte: Mein Gott! Er hat Gott für sich in Anspruch genommen. Und wo einer das tut, da versagt sich der Vater nicht. Darum bricht über der Golgathanacht schon das Osterlicht an.

So sei dies die Botschaft, die wir heute vom Hügel Golgatha mitnehmen: Hier hängt einer, auf dem unsere Last liegt und auf den wir sie sogar legen dürfen: unsere Sorge und Angst vor der Zukunft, unsere Schuld, unsere zerstörte Ehe und den vielfachen Bankrott, den wir im Leben erleiden. Hier hängt einer, der alles das trägt, was wir nicht aushalten können, und der auch alles das weiß, was wir nicht zu wissen wagen. Und hier hängt zugleich einer, der für uns den Weg zum Herzen des Vaters freigekämpft, nein, der ihn freigebetet hat. Und wenn ich gar nicht mehr ein noch aus weiß, wenn mich die feindliche Macht meines Gewissens umlagert und verklagt, wenn ich von Krankheit und Unglück geschlagen, wenn ich von allen Menschen verlassen bin, und jede göttliche Hand und jeder höhere Gedanke meinem Blickfeld entschwindet, dann soll ich getrost das nachzusprechen wagen, was der sterbende Heiland in seiner letzten Qual auszurufen gewagt hat: Mein Gott, mein Gott, warum hast du mich verlassen?

Und indem ich das sage, werden die ewigen Hände zur Stelle sein, denen ich mich anvertrauen darf und aus denen ich alles nehmen kann, und werden tröstende Engel kommen und mich geleiten. Denn die Bahn ist gebrochen und einer ist mir vorangegangen. Darum ist die Nacht des Karfreitags erfüllt von dem Osterjubel, der freilich nur in dieser Nacht und nur auf dieser Schädelstätte zu haben ist:

> »Ich hang und bleib auch hangen
> an Christo als ein Glied;
> wo mein Haupt durch ist gangen,
> da nimmt es mich auch mit.
> Er reißet durch den Tod,
> durch Welt, durch Sünd, durch Not,
> er reißet durch die Höll,
> ich bin stets sein Gesell.«

Aber ehe ich dies singen und ehe ich so loben darf, muß ich zuvor über den Hügel Golgatha und zu dem Mann der Schmerzen, zu dem Mann *meiner* Schmerzen sprechen: Ich will hier bei dir stehen, verachte mich doch nicht!

Verschollen, im Ungewissen versunken

Wohin soll ich gehen vor deinem Geist,
Und wohin soll ich fliehen vor deinem Angesicht?
Führe ich gen Himmel, so bist du da;
Bettete ich mich bei den Toten, siehe, so bist du auch da.
Nähme ich Flügel der Morgenröte
und bliebe am äußersten Meer,
so würde auch dort deine Hand mich führen
und deine Rechte mich halten.
Nun, Herr, wessen soll ich mich trösten?
Ich hoffe auf dich. *Psalm 139*

In den schrecklichen Tagen des Hoffens und Bangens, bis uns die Endgültigkeit der Katastrophe gewiß wurde, haben wir alle eine Erfahrung gemacht, die noch weit über den Umkreis dieses *einen* »Falles«* hinausging: wie der Stolz auf die allmächtige Technik gebrochen wurde und unser Fortschrittsglaube an die Machbarkeit aller Dinge seine Grenze erfuhr. Die Perfektion menschlichen Könnens scheiterte an der Übermacht der Elemente. Die Hand des Menschen erwies sich in ihrer Ohnmacht.

* Gedenkansprache für die Opfer der »München«-Katastrophe im Dom zu Bremen, am 3. Januar 1979.
Einige Wochen zuvor war das moderne Frachtschiff »München« nach einem kurzen Notruf verschollen. Trotz des selbstlosen Einsatzes von Helfern aus vielen Nationen konnte kein Besatzungsmitglied gerettet werden. Auch fanden sich keinerlei Hinweise auf Ursachen und Hergang der Katastrophe.

Aber in wessen Hand sind nun die *Elemente?* Das ist die Frage, die uns hier anspringt. Es ist eine »letzte« Frage; es ist die Frage nach dem Sinn. Sind es blinde Chaos-Mächte, die schließlich doch triumphieren und den »Strahl ohne Wahl« zucken lassen?

Wir können das dunkle Rätsel, das hier nach uns greift, nicht lösen, auch als Christen können wir das nicht. Wir können nicht sagen: »Deshalb, weil . . .« hat Gott uns diesen Schmerz zugefügt. Wir können nur mit dem Psalmisten sagen lernen: »*Dennoch* bleibe ich stets an dir.« Wir können die Frage nicht lösen; wir können nur von der Qual dieser Frage erlöst werden. Der, vor dem sich auch die stolzesten Wellen legen müssen, kann so Vertrauen und Frieden in unser Herz zurückkehren lassen.

Gorch Fock, der Seemann des Ersten Weltkrieges, schrieb einmal nach Hause: »Wenn ihr eines Tages die Nachricht bekommt, ich sei auf See geblieben, dann weinet nicht! Denkt daran, daß auch der größte Ozean, in dem mein Leib sterbend versinkt, nur eine Lache ist in der Hand meines Heilandes.«

Gorch Fock wußte, daß es grausam und hart ist, von Wellenungetümen verschlungen zu werden. Aber er wußte zugleich, daß diese Elemente von einer Hand umschlossen sind, daß es eine gute und barmherzige Hand ist, und daß er durch alle tödlichen Elemente hindurch allein in *diese* Hand fallen konnte. Unser Sterben ist nur ein Übergang, bis wir an jenem andern Ufer ankommen, wo eine Hand uns winkt und wo wir erwartet werden. Deshalb konnte auch Gorch Fock sagen: »Dennoch« – *obwohl* die Wellen über mich gehen und ich durch ein dunkles Tal muß – »dennoch bleibe ich stets an dir.«

Wenn ich nun an die denke, die den allernächsten Menschen

verloren haben (ihren Lebensgefährten, ihren Sohn oder ihre Tochter, ihren Bruder oder ihre Schwester), dann fällt mir noch etwas anderes aufs Herz: Ich mache mir klar, wie einsam diese alle sind, die zurückblieben, auch wenn unser ganzes Volk mit ihnen trauert und das Mitgefühl zahlloser Menschen sie begleitet. Es gibt ja kein Kollektiv-Leiden. Jeder von uns trägt seinen besonderen und eigenen Schmerz, den er mit niemandem teilen kann und mit dem er ganz alleine fertig werden muß. Schon im Kriege war es so: Zahllose Frauen verloren da ihre Männer, und viele, viele Mütter ihre Söhne. Aber in jedem Fall war es doch ein *einmaliger* Mensch, eine *einmalige* Liebe. Es gibt keine Pauschalierung des Schicksals.

Mir ist diese persönliche, allem Generellen entrückte Trauer einmal an einem eigenen Erlebnis klar geworden:

Ich hatte im letzten Kriege einen jungen Parteigenossen zu beerdigen, der im übrigen ein ehrenwerter Mann und treuer Familienvater war. Die Formationen der Partei, der SA und der Amtswalter standen mit ihren Standarten um das Grab. Es war nun nicht einfach eine zeitbedingte Ideologiekritik, es war vielmehr der Versuch, an tiefere menschliche Schichten zu rühren, wenn ich den Versammelten sagte: »*Ihr* sagt, der einzelne Mensch sei nur ein Blatt am Baum des Volkes. Die Blätter aber könnten verwehen und zunichte werden. Wichtig sei nur, daß der Baum selbst weiterlebe. Wir Menschen seien nur vergängliche Exemplare unserer Gattung, und wir sollten uns mit der Unsterblichkeit der Gattung, des Volkes, des Baumes also, trösten. Die einzelnen Blätter seien ersetzbar; sie könnten ausgewechselt werden.«

Ich fragte dann die Trauerversammlung: »Wer wagt es denn hier an dem offenen Grab, dieses Bekenntnis zu wiederholen — — das Bekenntnis also, der Mann in diesem Sarg sei nur ein verwehendes und ersetzbares Blatt am Baum des Volkes gewesen? Hier steht seine Witwe, hier weinen seine Kinder; für sie war er ein Einmaliges, nicht Austauschbares. Wo Bande der Liebe uns mit einem anderen Menschen verknüpfen, da gibt es nur den *einen* Lebensgefährten, den *einen* Vater, die *eine* Tochter.«

Das Bild vom austauschbaren Blatt am Weltenbaum empfinden wir mit Recht als eine trostlose Verzeichnung jenes einmaligen Menschen, der uns anvertraut war und uns nun – unersetzbar! – entrissen wurde.

Warum ich dieses Erlebnis hier erwähnt habe?

Einmal deshalb, weil hier an unsern *tiefsten* Schmerz gerührt wird. Es ist eine Lücke ins Leben gerissen worden, die nicht einfach ausgefüllt werden kann; es ist ein Verlust, für den es keinen Ersatz gibt. Jeder denkt dabei an das eine ihm so teure Antlitz, das er nicht wiedersehen wird.

Wenn ich das so sage, möchte ich nicht in unsern Schmerzen wühlen. Es geht mir vielmehr um den Trostgedanken, den das Evangelium hinter der so beglückenden und doch auch so wehetuenden Einmaligkeit des uns teuren Menschenantlitzes erscheinen läßt: Daß wir so *keine* ersetzbaren Blätter, *keine* austauschbaren Exemplare einer Gattung sind, sondern daß wir jenes Siegel des Besonderen tragen, das hat einen tiefen Grund:

In der Bibel ruft Gott uns einmal das tröstliche Wort zu:

»Ich habe dich bei deinem Namen gerufen, du bist mein!«

So hat jeder von uns seinen Namen, seinen *eigenen* Namen, und unter ihm ist er Gott vertraut: Die Toten in den Massengräbern sind es, die niemand kennt. Auch alle, die auf See geblieben sind und gar kein Grab *haben*, sind von ihm bei ihrem Namen gerufen. Und ebenso alle, die einsam in ihren anonymen Betonburgen sterben, während das Radio weiterläuft und selbst der Nachbar von gegenüber nichts von diesem verstohlenen Abschied und Abscheiden bemerkt.

Sie alle haben bei Gott einen Namen und sind ihm bekannt. Selbst der Unbehauste hat in *diesem* Herzen noch eine Heimstatt und einen Ort der Geborgenheit.

Bei allem Schmerz ist es doch eine *beglückende* Nachricht, daß es für uns alle, für die Lebenden *und* für die Toten, diese bergende Heimstatt gibt. Diese Botschaft geht uns wohl gerade dort am meisten unter die Haut, wo sie ganz kindlich, ganz unreflektiert ausgerichtet wird. Deshalb rührt mich das Kinderlied WEISST DU, WIEVIEL STERNLEIN STEHEN? immer so an. Denn da ist von dem Herrn des Universums die Rede, der den Sternenlauf lenkt und mit seiner Ewigkeit noch die Lichtjahre umfängt. Obwohl er aber so unendlich ist, kann es doch von ihm heißen: KENNT AUCH DICH UND HAT DICH LIEB. Er kennt selbst den Namen der kleinen Kinder, auch der toten Kinder.

Daß wir so alle (Kleine und Große, Lebende und Tote) einen *Namen* haben, der im Herzen Gottes unvergessen ist – das liegt nicht daran, daß wir im Leben etwas Großes erreicht und unsern Namen auf die ehernen Tafeln der Geschichte eingeprägt hätten. Sonst stünde es ja schlimm mit den Kindern und auch mit den Geistesschwachen in Bethel, die dem Herzen Gottes doch besonders nahestehen! Nein: daß wir diesen Namen haben, hat seinen Grund darin, daß Gottes Liebe sich uns grundlos zugewandt hat, daß er – wie das Neue Testament das ausdrückt – »seines eigenen Sohnes nicht geschont«, daß er also sein Liebstes für uns dahingegeben hat. So lieb waren und sind wir ihm! Gott liebt uns nicht, weil wir so wertvoll wären, sondern es ist genau umgekehrt: wir sind so wertvoll, weil Gott uns liebt.

So können wir an dieser Hand getrost ins Dunkel gehen, selbst in die Todesnacht. Denn unser Sterben ist ja nur ein Übergang; es ist auf keinen Fall ein Schlußpunkt, hinter dem nur der Abgrund des Nichts gähnte. *Aber ein Übergang wohin?* Wo sollen wir unsere Toten suchen, nachdem sie aus dieser Zeitlichkeit abgerufen wurden? »Nach drüben ist die Aussicht uns verrannt«, heißt es einmal im Faust. Und doch möchte unser Auge den Pfad eines geliebten Menschen ja immer weiterverfolgen, auch dorthin, wo die letzte Wegbiegung ihn unserm Blick entzieht. Was aber wäre dieses Jenseits hinter der letzten Biegung? Was wäre der Himmel, was wäre das Paradies, von dem die Christen sprechen? Ist nicht der Schmerz über den jähen Abschied, den wir eben zu erleiden hatten, noch viel zu frisch und zu elementar, als daß wir für solche Jenseits-Träume empfänglich sein könnten?
Aber *geht* es denn nur um Träume und bloße Schäume? Hier muß ich zwei Geschichten erzählen, die mir großen Eindruck gemacht haben (und in einer solchen Stunde wie dieser *kann* man ja nur persönlich reden; da muß man Farbe bekennen, was einem selber zum Halt geworden ist):
Als der Vater des großen Theologen Adolf Schlatter im Sterben lag, standen fromme Glaubensbrüder um sein Lager und suchten ihn zu trösten: Bald wirst du in Zions goldenen Hallen sein und die Freuden des Paradieses genießen. Dann wirst du durch alle Not des Sterbens hindurch sein. Da richtete sich der Sterbende noch einmal auf und fuhr sie an: »Laß mich in Frieden mit all dem Jenseits-Quark! Mich verlangt nur, am Halse des Vaters zu hängen!«
Nur dieses *eine* Bild also wollte er noch gelten lassen: das Bild aus dem Gleichnis Jesu vom Verlorenen Sohn, wo der Vater seinen verirrten und nun heimkehrenden Jungen in seinen Armen auffängt und ihn für immer annimmt.

Damit hatte der Sterbende in der Tat auf den wesentlichen Blickpunkt verwiesen: Er wollte nichts wissen von einem himmlischen, einem märchenhaften Milieu, nichts von Kulissen des Jenseits und von Zions Gassen. Nein: Es ging ihm nur um das Eine, daß er bei seinem Vater geborgen sein und an der Stätte Frieden finden würde, die ihm sein Herr bereitet hatte.

Nicht also, weil ich von einem Jenseits träumte, glaube ich an das Leben der zukünftigen Welt und weiß ich, daß der Tod nun *nicht* mehr das letzte Wort haben darf. Darauf kann ich nur *deshalb* mein Vertrauen setzen, weil ich schon jetzt der Geselle dessen bin, der mich bei meinem Namen gerufen hat und mich nie mehr aus seiner Treue entlassen wird. Darum gehe ich an seiner Hand auch vertrauend ins Dunkle, selbst in das »Nicht-mehr-Vorstellbare« und »Ganz-Andere« der zukünftigen Welt. Denn er, der Eine, wird mir dann *nicht* fremd und wird *nicht* »anders« sein. Sondern ich werde ihn wiedererkennen als den, dessen Stimme mir seit eh und je vertraut ist wie den Schafen die Stimme ihres Hirten.

Als einer meiner liebsten Studenten im Sterben lag, blieb ich in den letzten Nächten bei ihm in seinem Klinikzimmer. Er mußte durch schreckliche körperliche Qualen und Atemnot und griff immer wieder voller Angst nach meiner Hand. Plötzlich bimmelte die Sechs-Uhr-Morgenglocke einer kleinen Kapelle in der Nähe. Da strahlte er mich an und sagte: »Hörst du die Osterglocken? Jetzt ruft er mich, siehst du: jetzt stehe ich auf.« – Das kümmerliche Glöckchen, das nur einen normalen Erdentag einläutete, wurde ihm in seiner letzten Not zum Signal des Osterfürsten, dem er im Leben vertraut hatte und der ihn nun dem finsteren Tal der Todesangst entriß.

Als diese wunderbare Wandlung des simplen Gebimmels geschah, da wußte der Sterbende, daß auch sein qualgeschüttelter und nichtiger Leib verwandelt und in ein neues Sein hinein verklärt werden würde. Nein: Er *war* schon hinübergezogen in dieses Ganz-Andere, träumend und aller Erdennot entnommen. Er grüßte mich schon von der andern Seite wie einen, den er in der Todeswelt zurückließ. Und unwillkürlich dachte ich an das Wort eines Märtyrers der russischen Revolution. Ehe die tödliche Salve krachte, rief er dem Exekutionskommando zu: »Ich, der nun ins Leben geht, grüße euch, die Toten.«

Vielleicht wagen wir einmal, *so* an die uns teuren Menschen zu denken, die auf See geblieben sind (nicht nur beim Untergang der »München«, sondern auch bei den vielen andern Katastrophen, von denen Fernsehen und Presse nahezu täglich berichten).

Wenn wir von einem geliebten Menschen, der auf eine weite Reise geht, Abschied nehmen, dann machen wir vielleicht etwas mit ihm aus (im Kriege habe ich das immer wieder erlebt). Wir verabreden, abends um dieselbe Stunde auf den gleichen Stern zu sehen, damit unsere Blicke sich in der Ferne des Weltraums begegnen, auch wenn *ich* in der Heimat bin und der *andere* an einer fernen Front kämpft. So ist es auch mit unsern Verstorbenen, die sich auf eine weite Reise ohne Wiederkehr begeben haben. Wir wissen um den »Stern, auf den ich schauen« darf; wir wissen um den lebendigen Herrn über Leben und Tod, den das Lied als diesen Stern besingt. Sie – die von uns Gegangenen – sehen diesen gleichen Stern wie wir. Nur blicken sie jetzt auf ihn von der *andern* Seite. Aber über denen hüben und denen drüben leuchtet er in demselben Glanz. In ihm treffen sich die Blicke der Lebenden und der Toten, die diesem Stern vertrauen.

Die ihm vertrauen – – das ist eine Frage an unser *jetziges* Leben, eine Frage an uns, die wir noch im Lichte wandeln. Es gibt ja keine simplen Trost-Gedanken, die ich in dieser Stunde wie eine beruhigende Arznei austeilen könnte. Es ist die Größe dieses Vertrauens, daß es einen Anspruch an unser Leben enthält. Nur so können wir unsere Trauer bewältigen, daß der Gedanke an unsere Toten uns zur *Aufgabe* wird, daß er unserm Leben eine neue Richtung gibt.

Diese Aufgabe sehe ich darin, daß alle, die jetzt von Gram und Leid gebeugt sind, jene letzten Fragen nach unserm Woher und Wohin nicht mehr in sich verstummen lassen; daß sie nach dem zu fragen beginnen, der Lebende und Tote bei ihrem Namen ruft, und daß sie Ausschau halten nach dem Stern, der über dieser und der zukünftigen Welt leuchtet.

Ein Mädchen, das in Mogadischu dabei war, als es mit den andern Geiseln auf ein grausames Ende wartete, erzählte meinem Freund, es habe in seiner Todesangst beten wollen und nach dem Wortlaut des Vaterunsers gesucht. Aber sie habe es nicht mehr zusammengebracht und in ihrer Verzweiflung nur die beiden Worte herausgebracht: »Unser Vater«. Sie habe dann zu weinen begonnen, weil sie partout nicht weiter wußte. Aber ein älterer Mann neben ihr habe sie getröstet: »Das genügt schon, Mädchen! Er hört es ja und weiß, wie du es meinst.« – So mag auch mancher von denen, die der Ozean in sich hineinriß, mit einem letzten Gedanken noch seine Lieben daheim gesucht haben. Und vielleicht hat sich auf seinen Lippen, auf ihren Lippen ebenfalls dieses letzte kurze Wort geformt: »Unser Vater«. Und dieser Ruf wurde gehört. Auf der andern Seite war einer, der sie empfing, der sie in seinen Armen aufnahm.

Ich schließe mit einem Gebet, das ich mir als teures Vermächtnis aus dem letzten Kriege aufgehoben habe. Es stammt von einem jungen Soldaten, der irgendwo in einem Massengrab ruht, der aber wußte, daß er bei seinem Namen gerufen war, und der nun getröstet auf den Stern schaute, von dem ich sprach. Er hat in seinem Gebet auch an die gedacht, die auf See geblieben sind:

> Alle, die gefallen in Meer und Land,
> sind gefallen in deine Hand...
> Alle, die weinen in dunkler Nacht,
> sind von deiner Güte bewacht.
> Gib uns Augen, daß wir es sehn,
> wie deine Hände mit uns gehn...
> Gib uns das Leben durch deinen Sohn
> uns – – und den Toten vor deinem Thron.

LETZTE FRAGEN

Wer bin ich?

I. Wie ich mich selbst erfahre

Ich befand mich einmal in der Gesellschaft einiger Autofahrer, die alle das Loblied ihres Wagens sangen. Der eine sagte: »Ich habe einen Wagen, der macht auf der Autobahn als Dauertempo mühelos 140 Sachen.« Der andere sagte: »Sie hätten einmal sehen sollen, wie meiner auf den Großglockner hinauf ist! Ich sage Ihnen, nichts von Dampf und Überhitzung, während die größten Straßenkreuzer hilflos am Wege lagen und kühlen mußten.« Ein Mädchen, das weiß, daß es ein attraktives Profil hat und mit ihm kokettiert, kann nicht eingebildeter sein, als es diese Autofahrer waren. Sie taten geradezu so, wie wenn diese ihre Wagen sie *selbst* gewesen wären und sie sich entsprechend ihrer *selbst* gerühmt hätten.

Ein zweites Erlebnis dieser Art war dies: Ich sagte zu einem Studenten: »Sie sind ein recht begabter junger Mann.« Daraufhin wurde er rot, wie wenn ich ihn gerühmt hätte. Ich sagte ihm dann: »Sie brauchen nicht rot zu werden, denn ich habe ja keineswegs gesagt, daß Sie ein prächtiger Mensch oder ein fabelhafter Kerl seien, sondern ich habe ja nur gesagt, daß Sie *Gaben* verliehen bekommen haben, die auf die

Verantwortung eines anderen gehen. Sie sind Ihnen ja ›*verliehen*‹ worden. Deshalb brauchen Sie doch nicht rot zu werden!«

Diese beiden Geschichten sind sehr bezeichnend, denn hier zeigt sich etwas Wichtiges:

Der Mensch hat eine ganz merkwürdige Neigung, alles das, was sein Ansehen hebt, was sein Sozialprestige steigert – ganz gleich, ob es ein Auto, ob es eine wirtschaftliche oder politische Machtstellung oder ob es seine geistigen Fähigkeiten sind –, gleichsam anzusaugen und sich damit zu identifizieren, also zu sagen: Dies bin ich.

Ich könnte aber auch von Fällen berichten, in denen genau das Umgekehrte passiert, wo man sich sagt: Dies bin ich *nicht*. Da ist ein Angeklagter, der sich in einem Strafprozeß wegen eines Mordes verantworten muß. Er und sein Anwalt bemühen sich lebhaft, zu sagen, daß das *Milieu*, in dem er aufwuchs, daß sein verlottertes Elternhaus, seine verhängnisvolle Entwicklung das kriminelle Gefälle gefördert, ja überhaupt erst bewirkt hätten. So sei er gewissermaßen »entschuldet«.

Und wieder eine andere Szene: Vielleicht erwache ich eines Morgens und bin entsetzt über einen Traum, den ich gehabt habe. In ihm habe ich etwas so Gräßliches gemacht, daß ich dafür hinter Schloß und Riegel kommen würde. Ich frage mich dann unwillkürlich: Steckt denn tatsächlich ein solcher Lustmörder, ein so haßerfüllter Intrigant in mir? Aber im nächsten Augenblick sage ich mir: Das bist du ja gar nicht. Das ist ja das Es, das Unbewußte in dir, und über den Abgründen dieses meines Herzens spannt sich doch eine blütenweiße bürgerliche Weste.

Man könnte auch Adam und Eva nennen, bei denen es genauso war; das wäre dann die dritte Szene: Als beide nach der verbotenen Frucht gegriffen und sich in Ungehorsam an Gott vergangen haben, als Gott sie dann stellt, sagt Adam: Das Weib, das du mir gegeben hast, hat mir den Apfel gereicht. Und Eva sagt: Die Schlange hat es getan. Jeder sagt also: Ich bin nicht identisch mit meiner Tat. Ich bin nur die Wirkung und das Produkt von Faktoren, die *außerhalb* meiner liegen und auf die ich keinen Einfluß habe.

Wir fassen den Extrakt dieser Beobachtungen kurz zusammen:
Mit allem, was groß und schön und positiv ist in meinem Leben, identifiziere ich mich. Da sage ich: Das bin ich, gleichgültig, ob es um Begabung, einen starken Motor oder um das Bankkonto geht. Und andererseits: Von allem, was mich schuldhaft belastet, was shocking oder problematisch ist in meinem Leben, distanziere ich mich, da sage ich: Das bin ich *nicht*.
Es ist nun eine der erstaunlichen und verblüffenden Wandlungen, die wir als Christen erfahren, daß wir in beiden Fällen total umlernen müssen:
Die Bergpredigt zum Beispiel leuchtet hinter unsere weiße bürgerliche Weste. Die Bergpredigt sagt nicht: Ja, lieber Mensch, du bist deine weiße Weste, sondern sie sagt: Du bist das, was unter deiner weißen Weste ist. Und was ist *da* los? Ich zitiere ein Beispiel:
Jesus Christus setzt sich in der Bergpredigt mit dem alten Gebot auseinander: Du sollst nicht töten. Nun ist vermutlich niemand von uns ein Mörder; deshalb meinen wir, beruhigt abschalten zu können. Doch Jesus fährt fort: Nicht nur der ist ein Mörder, der einen anderen erdolcht, sondern auch einer, der seinen Bruder »nur« haßt, ist ein Mörder. Er sagt also, daß wir die *Anlage* zum Morde in uns haben, daß

wir sozusagen die ersten Stadien einer Mordhandlung durchlaufen und daß dies *unsere*, oder genauer, daß es *meine* Gedanken sind, die mich da zum Mörder machen. Ganz entsprechend sagt Adalbert Stifter (also ausgerechnet jener Dichter, in dessen Werk nur gute Menschen und eine geordnete Welt vorzukommen scheinen): Jeder habe in sich eine tigerartige Anlage, und wir wüßten nicht, wozu wir in einem Nervenfieber, das uns die Hemmungen unseres normalen und bewußten Lebens nimmt, imstande seien.

Das könnte streng, das könnte geradezu zersetzend aussehen, und man möchte sich fragen: Wie kann man mit einer solchen Weltanschauung überhaupt leben? Und doch will der, der die Bergpredigt einmal hielt, uns damit trösten und uns ganz neue Impulse für unser Leben vermitteln.

Wenn er uns nämlich auf den Raum hinter unserer weißen Weste anspricht, auf diesen Raum, wo wir potentielle Mörder und Ehebrecher sind, will er uns sagen: »Seht, ich weiß ja, wie es um euch steht. Ich bin aus der Etappe des Himmels heruntergekommen und in die vordersten dreckigsten Gräben gegangen, in denen ihr kämpfen und in denen ihr euch mit anderen und mit euch selbst herumschlagen müßt. Ich weiß doch, wie das ist! Ich habe es an mir selbst erlitten. Schließlich habe ich drei teuflische Versuchungen hinter mich bringen müssen; ich habe auf demselben Schlachtfeld gestanden wie ihr. Auch *mein* Herz hat dabei gebebt. Aber nun muß ich euch etwas sagen«, so fährt Christus gleichsam fort: »Im Hause meines Vaters im Himmel sind keine Garderobenständer, auf denen weiße Westen als Ausweis für den Himmel eingesammelt werden, sondern da sind festliche Tafeln gedeckt, an denen ich mit meinen Menschenbrüdern sitze. Jeder von ihnen ist ein sehr problematischer Geselle, genau wie du. Aber gerade das ist die Frohe Botschaft: Genauso, wie ihr *seid,* dürft ihr kommen und sollt ihr angenommen werden. Hier braucht ihr die Tarnung der weißen Weste nicht mehr. Ihr werdet geliebt und willkommen geheißen, so wie ihr seid, auch *unter* eurer Weste seid. Denn ihr kommt ja als meine Brüder. Ich bringe euch doch mit. Und ich habe es mir wahrlich nicht leicht gemacht, euch abzuholen, euch zu ›erwecken‹ und loszureißen.«

Wir müssen noch nach der *anderen* Richtung umlernen. Ich erzählte soeben das Beispiel von dem Auto und der Begabung und sagte: Wir Menschen neigen dazu, uns mit allem Positiven, das unser Leben bereichert, zu identifizieren. Das wird *auch* anders, wenn wir Christen werden. Da lernen wir nämlich für alles Schöne und Große in unserem Leben zu danken. Und wenn wir danken, sagen wir ja gerade: Das bin nicht ich, sondern das habe ich geschenkt bekommen.

Ich habe das in der Bombenzeit erlebt. Vorher, wenn ich in mein Arbeitszimmer kam, wo die vielen Bücher stehen, dachte ich: Dies alles ist deine Gelehrsamkeit und Schläue, das gehört zu dir, das ist sozusagen dein erweitertes Ich. Dann aber, als die Bomben kamen und rings umher die Häuser zusammenbrachen, dachte ich: Das alles gehört ja gar nicht so selbstverständlich zu dir, das alles kann dir genommen werden, das alles ist dir nur gegeben und anvertraut. Darum begann ich für jeden Tag zu danken, wo ich diese meine Schätze noch haben durfte.

So geht es uns auch sonst. Das, was wir haben: unsere Familie, unsere Freunde, unsere Gesundheit, der Anblick des Meeres und der Berge, das bleibt uns nun nicht mehr so selbstverständlich, es wird uns vielmehr zu einem unverdienten Geschenk, sobald wir Gott dafür zu danken gelernt haben. Das gibt uns ein neues und beglückendes Lebensgefühl. Wir lernen gleichsam bewußter zu leben. In jedem Augenblick erfahren wir neu, daß wir von liebenden Händen geführt und von einem väterlichen Herzen gesegnet werden. Wir wursteln und vegetieren nicht mehr so dumpf dahin, sondern wir merken plötzlich, was »leben« *heißt*. Wir leben im Namen des Wunders, und dieses Wunder heißt: Wir sind beschenkte Menschen, wir haben eine Heimat in dieser und der zukünftigen Welt. Wir brauchen uns und anderen nichts mehr vorzumachen. Wir dürfen kommen, wie wir sind. Es lohnt sich zu leben, denn unser Leben hat einen Sinn. Wer zu danken gelernt hat, lebt als ein Befreiter.

II. Wie ich mich kenne und wie Gott mich kennt

Neulich sagte mir jemand – er war so um die sechzig und trug einen maßgeschneiderten, eleganten Anzug, es war überhaupt alles an ihm gepflegt und sozusagen perfekt –, er sagte mir: »Ich habe *einmal* im Leben eine falsche Weiche gestellt. Ich hätte Musiker werden sollen, dann wäre etwas aus mir geworden. Statt dessen mußte ich die Firma meines Vaters übernehmen. Aber das Kaufmännische lag mir im Grunde nicht. Ich habe mein ganzes Leben an etwas gewendet, was mir eigentlich fremd ist. So wurde mein Leben schließlich doch nur ein Häufchen Asche, ehe es überhaupt richtig gebrannt hatte.«

Darauf ich: »Sind Sie da nicht ein bißchen wehleidig und allzu pessimistisch? Sie haben es doch schließlich zu etwas gebracht!«

Er: »Zu ›etwas‹ gebracht? Ja: zu einem Haus mit Garten, auch zu einem ziemlich schweren Wagen, der Ihnen vielleicht vor dem Haus schon in die Augen gestochen hat. Doch ja, Sie haben recht: zu ›etwas‹ habe ich es schon gebracht, das stimmt. *Aber ich habe es nicht zu mir selbst gebracht – das ist das Schlimme!*«

Ich: »Wie meinen Sie das?«

Er antwortete sehr nachdenklich (und man merkte, daß dieser Gedanke ihn lange beschäftigt haben mußte): »Nun, ich glaube, jeder Mensch hat seine ganz besondere Bestimmung. Er ist sozusagen für einen bestimmten Lebensinhalt entworfen. Dieser Entwurf unseres Lebens existiert aber nur in Umrissen.«

Da fiel ich ihm ins Wort und redete vielleicht etwas leichtfertig daher; aber ich wollte ihn nur dazu reizen, bei diesem Gespräch über sein Leben noch ein wenig mehr aus sich herauszugehen. Ich fragte ihn nämlich:

»Jeder trüge so einen Entwurf seines Lebens in sich, sagten Sie? Und den gäbe es nur in Umrissen? Ja, haben Sie denn mal so einen Umriß gesehen?«

Da sah er mich etwas strafend an, wie wenn ich ihm bei einer Sache, die ihm sehr ernst war, ja nicht mit Ironie kommen dürfte.

»Nein«, erwiderte er, »natürlich habe ich so einen Umriß *nicht* gesehen. Begreifen Sie denn nicht, was ich meine? Man sieht so etwas nicht, aber man spürt doch: *Dazu* bist du da; *das* müßtest du sein; *dazu* bist zu entworfen – und ich war wohl für die Musik entworfen. Aber sehen Sie: diesen Umriß meines Entwurfs habe ich nicht ausgemalt. Ich habe nur so ein bißchen daran herumgekleckert. Von höherer Warte aus gesehen, bietet mein Leben deshalb einen kläglichen Anblick.«

Darauf ich: »Wenn ich Sie recht verstehe, erheben Sie also einen Vorwurf gegen sich und sagen: Ich bin nicht mit mir selbst identisch geworden. Ich habe meine Identität nicht gefunden.«

Wie aus der Pistole geschossen entfuhr es ihm da: »Das ist genau das Wort, nach dem ich gesucht habe. Ja: Ich bin nicht mit mir identisch geworden.«
Hier will ich meine kleine Reportage über unser Gespräch schließen, es ging natürlich noch lange weiter. Warum habe ich das erzählt?
Nun, ich glaube, daß diese Frage »Was bin ich?«, daß diese Frage nach meiner Identität jeden von uns beschäftigt. Wenn wir jung sind, fragen wir: Was soll ich werden? Häufig ist diese Frage (ich möchte sagen: Gott sei Dank!) nicht nur in dem Sinne gemeint: Wo kann ich am meisten Geld verdienen?, sondern *auch* in dem Sinne: Wozu bin ich da, wo kann ich mein Leben am meisten erfüllen? Wo kann ich am meisten »ich selbst« werden, wo kann ich es also nicht nur zu »etwas«, sondern wo kann ich es zu »mir selbst« bringen?

Es ist erstaunlich, wie diese Frage immer wieder auch die Denker und die Dichter beschäftigt hat. Sie gehört zu den Lieblingsthemen von Max Frisch und steht im Mittelpunkt seines Romans »Mein Name sei Gantenbein«. Karl Marx sagt, der Mensch sei das, was die gesellschaftlichen und wirtschaftlichen Verhältnisse aus ihm machen. Sartre dagegen meint, der Mensch werde durch seine Umgebung »fixiert«, sie erwarte eine bestimmte Rolle von ihm; »so« müsse er dann sein und werde durch diesen gesellschaftlichen Druck daran gehindert, er selbst zu werden, es zu sich selbst zu bringen.
Manche Leser sind nun vielleicht weniger daran interessiert, wie dieses Thema der Identität, wie diese Frage: »Wer bin ich eigentlich?« in der *Literatur* behandelt wird. Sie möchten eher wissen, ob und wo diese Frage in ihrem eigenen Leben auftaucht. Dazu möchte ich gerne noch etwas sagen:

Sie haben gewiß auch schon einmal den Eindruck gehabt, daß das Bild, das andere von Ihnen haben – Ihre Kollegen etwa oder Ihre Stammtischfreunde –, erheblich von dem Bilde abweicht, das Sie von sich selber haben. Manchmal, wenn Sie einem Rivalen beim Sport oder im Geschäft die Hand reichen, lassen sich die andern von dieser Geste beeindrucken und denken: Er hat doch eine noble Gesinnung; er ist ein Gentleman. Sie selbst aber wissen, daß Sie den andern am liebsten zum Teufel wünschen würden und das nur klug zu verbergen wissen. Natürlich kann es auch umgekehrt sein: Sie haben irgend etwas gut und selbstlos gemeint, die andern aber schieben Ihnen egoistische Motive unter. Auch dann fragen Sie sich: Wer bin ich nun *eigentlich*? Bin ich das, was die andern in mir sehen, oder das, was ich *selbst* in mir sehe?
Ich möchte zwei Beispiele nennen, die dazu anregen können, einmal ein paar *Gedanken-Experimente* mit dieser Frage anzustellen:

Das erste Beispiel:
Sie haben sich im Fernsehen einen Krimi angeschaut. Die hier auftretenden Verbrecher lösen in uns meist eine gewisse Klischee-Vorstellung aus. Sie sind voller Geldgier oder Rachedurst (deshalb morden sie ja gerade); und außerdem sind sie sehr raffiniert und haben ein beachtliches Talent, sich zu tarnen. (Das ist gerade der Reiz des Krimi, daß man immer den Falschen für den Richtigen hält!) Aber ist dieses dunkle Subjekt wirklich *nur* geldgierig oder rachedurstig? Hat seine Seele nicht noch ganz andere Bereiche, die im Film unbelichtet bleiben und die keine Kamera-Einstellung erreicht? Ob selbst dieser harte Mann nicht hin und wieder ein Erbarmen mit einem geschundenen Mitmenschen spürt,

dem er dann auch selbstlos helfen kann? Ob er nicht hin und wieder ehrlich liebt und auch Treue üben kann? Wer ist dieser Lump also wirklich? Wieder klaffen die Bilder auseinander.

Das zweite Beispiel:

Ich war einmal dabei, wie ein junger Mann, der viele trübe Sachen gemacht und seiner Mutter fast das Herz gebrochen hatte – einige Male war er auch im Gefängnis gewesen –, sich ans Klavier setzte und einen Choral aus der Matthäus-Passion spielte. Er spielte ihn wie ein Gebet, voll Ergriffenheit und Beteiligung. Mich rührte das sehr an. Da zischte mir seine Schwester ins Ohr: Dieser Heuchler!

War er *wirklich* ein Heuchler? Wer war er *eigentlich* und letztlich? War er im Kern seines Wesens der, der immer wieder in fremde Kassen gegriffen und dann einer ziemlich üblen dolce vita gefrönt hatte? Oder war er im Kern seines Wesens der, der diesen Choral spielte und der darin nach Erlösung schrie, sich selbst verachtete und den Dreck aus seiner Seele fortzuspülen suchte?

Kein Mensch kann beurteilen, wer er *eigentlich* ist; vielleicht wüßte er es nicht einmal selbst. Ob Gott allein es vielleicht weiß? Ob der nicht vielleicht zu sich selber gesagt hat: Dieser da hat den Hunger und Durst nach der Gerechtigkeit in sich, und er verachtet sich selbst; darum ist er mir lieber – trotz der dunklen Regionen seines Lebens – als mancher Selbstsichere und Selbstgerechte in seiner makellosen Rechtschaffenheit.

In den letzten Tagen des Krieges wurde der Pfarrer Dietrich Bonhoeffer durch die Gestapo erhängt. Er mußte sterben, weil sein Glaube ihn zu bekennendem Widerstand gegen das Regime genötigt hatte. Seine Bewacher und Mitgefangenen liebten ihn sehr, weil er sich nicht unterkriegen ließ und weil er selbst in Ketten ein souveräner Mann blieb. Auch er kannte freilich Stunden der Mutlosigkeit. Doch die hielt er vor fremden Augen verborgen. Aus der Zeit seiner Gestapohaft sind einige Gedichte erhalten, und eines von ihnen beschäftigt sich mit dieser Frage »Wer bin ich?«. Es hat auch diesen Titel. Einige Zeilen daraus will ich Ihnen nennen:

Wer bin ich? Sie sagen mir oft,
ich träte aus meiner Zelle
gelassen und heiter und fest,
wie ein Gutsherr aus seinem Schloß...

Bin ich das wirklich, was andere von mir sagen?
Oder bin ich nur das, was ich selbst von mir weiß?
Unruhig, sehnsüchtig, krank, wie ein Vogel im Käfig...
müde und leer zum Beten, zum Denken, zum Schaffen...?

Wer bin ich? Der oder jener?...
Bin ich beides zugleich? Vor Menschen ein Heuchler
Und vor mir selbst ein verächtlich wehleidiger Schwächling?
Wer bin ich? Einsames Fragen treibt mit mir Spott.
Wer ich auch bin, du kennst mich, dein bin ich, o Gott!

Was bedeutet es, daß Gott mich kennt und daß ich sein bin?
Das heißt *erstens*, daß wir Menschen weder uns selbst noch unsern Mitmenschen ganz verstehen. Wir kennen weder unsere eigene Identität noch die des andern. Aber das braucht uns nicht zu bekümmern. Unser Bild ist im Herzen Gottes geborgen. Er weiß um uns.
Damit ist noch ein Zweites gesagt:
Der Gedanke, daß Gott um uns weiß, könnte auch etwas Erschreckendes an sich haben. Von jemandem bis in die letzte

Falte der Seele durchschaut zu sein, durch und durch »geröntgt« zu werden, ist ein furchtbarer Gedanke.

Doch wenn das stimmt, was Jesus Christus uns von seinem Vater gesagt hat, dann ist es nicht furchtbar, dann ist es auf einmal schön und tröstlich, so durchschaut zu werden. Denn wir wissen, daß er uns in Liebe versteht und unter Schmerzen sucht.

Goethe hat einmal gesagt, man könne nur das verstehen, was man liebt. Hier werden wir unendlich geliebt. Darum werden wir auch unendlich verstanden. Wir werden von jemandem verstanden, der Erbarmen mit uns hat.

Wenn es möglich wäre, daß ein *Mensch* uns ganz durchschaute, wäre das schrecklich. Dann würden wir zu der Konsequenz genötigt sein: Vor dem kann ich mich nicht mehr blicken lassen. Bonhoeffer aber sagte:

Wer ich auch bin, du kennst mich, dein bin ich, o Gott!

Es gibt einen, der sich zu mir bekennt, wer ich auch sein mag.

Keine religiösen Fragen mehr?

Ein Techniker, 29 Jahre, schrieb mir: Früher hätten die Menschen religiöse Fragen. Sie fragten nach ihrem Seelenheil. Auch dem Leben nach dem Tode, dem Fortleben in einem Jenseits galt ihr Interesse. Ist das alles aber für uns heute nicht längst vergangen? Wir fragen doch höchstens nach dem Sinn unseres Lebens, und zwar dieses irdischen Lebens! Wir fragen weniger nach Gott als nach der Möglichkeit von Mitmenschlichkeit. Ist das nicht der Grund, warum viele sich heute von den Kirchen lossagen?

Ich versuchte ihm zu antworten:

Sie haben recht: Unsere Hauptfrage ist die Frage nach dem Sinn des Lebens. Aber was heißt das? In der Zeitung las ich beim Nachruf auf einen Ingenieur die Überschrift: »Ein Leben für die Lüftung«. In der Illustrierten konnte man ein reich verglastes Hochhaus sehen, an dessen riesiger Fläche ein winziger und verlorener Fensterputzer hing. Wenn er mit seiner Saubermann- und Sisyphos-Arbeit schließlich durchgekommen und unten angelangt ist, sind die oberen Scheiben schon wieder dreckig, und alles geht von vorne los. Kann jemand für die Lüftung oder das Fensterreinigen leben? Ist das der »Sinn« seines Lebens? Was bin ich denn, wenn das alles aufhört und ich Rentner werde? Dann übe ich doch keine zweckbestimmten Funktionen mehr aus! Was bleibt dann noch von mir übrig? Wozu bin ich dann noch da? Gerade bei aktiven und tüchtigen Leuten, die in den Ruhestand übergehen und sich plötzlich kaltgestellt und nutzlos fühlen, finde ich immer wieder Gefühle der Verzweiflung. Sie haben ihren Lebenssinn nur in ihren beruflichen Leistungen gesehen. Wenn diese Funktionen dann aufhören, wird alles sinnlos; eine große Leere gähnt sie an.

Mit dem Worte »Sinn« meine ich eben offenbar mehr als bloße Zwecke, denen ich mit meiner Tätigkeit diene. »Sinn« meint etwas, für das ich da sein, worin ich aufgehen kann und für das zu leben es sich lohnt. (Das aber kann nicht die Lüftungstechnik oder das Fensterreinigen sein.) Damit frage ich vielmehr über mein Leben hinaus. Ich frage nach jemandem, der mir mein Leben gegeben, der es mir »zu etwas« gegeben hat. Zum Beispiel dazu, daß ich Menschen lieben, ihnen helfen und eben für sie dasein kann. Wenn ich gewiß bin, daß dieser jemand – wir Christen meinen damit Gott – mir mein Leben gegeben hat, daß er es bewacht und geleitet, dann hat es in seinen Augen auch dann noch Wert, wenn ich alt oder invalide bin. Ich kann dann zwar keine Zwecke mehr erfüllen und keine Funktionen mehr ausüben. Und doch ist mein Leben deshalb nicht sinnlos. Denn ich weiß, daß ich mit diesem »Jemand« verbunden bin und bleibe und daß er mir selbst über den Tod hinaus treu bleibt. – Hat also die Frage nach dem Sinn nicht doch etwas mit der Frage nach Gott, hat sie nicht sogar etwas mit Ostern und mit Todüberwindung zu tun?

Genauso scheint es mir übrigens auch bei Ihrer zweiten Frage, der nach der Mitmenschlichkeit, zu sein. Wie kommt es eigentlich, daß die Rocker in unseren Augen so etwas wie ein Gegenbild der Mitmenschlichkeit, ein Symbol sozialer Aggressivität geworden sind? Sehr häufig sind sie in Heimen aufgewachsen, waren unwillkommen und fühlten sich herumgestoßen, also nicht »akzeptiert«. Was so als Keim von Feindschaft und Ablehnung in sie gelegt wurde, reagieren sie nun durch Aggressivität ab. Wir können andere Menschen ja nur dann lieben und für sie dasein, wenn wir sie akzeptieren (selbst wenn sie uns manchmal nicht in den Kram passen). Wir *können* sie aber nur dann akzeptieren, wenn wir selber – im Unterschied zu den Rockern! – unsererseits akzeptiert *werden*. Man könnte das ganze Evangelium auf die sehr einfache Formel bringen, daß Gott uns so angenommen hat und daß er für uns dasein will. Wem dieses Wunder unseres Lebensgrundes an einer Gestalt wie Jesus aufgegangen ist, der erlebt die faszinierende Freiheit, nun auch seinerseits für andere dasein und sie annehmen zu können.

Schlußfrage: Haben Sie also mit Ihren Zeilen wirklich eine *Alternative* zur religiösen Frage formuliert (wie Sie doch offenbar meinen)? Könnte es nicht sein, daß Sie die alten Fragen nur abgewandelt haben, daß sie Ihnen also nur auf neue Art begegnen? Sie sind offenbar unzerstörbar und bleiben immer jung. Wir müssen nur wach genug sein, um sie zu entdecken.

Warum Angst vor dem Leben?

Vor einiger Zeit wurde in ähnlicher Weise wie bei dem bekannten Gallup-Verfahren eine Anzahl Fragen an vorwiegend junge Menschen, im wesentlichen Studenten, gerichtet. Eine dieser Fragen lautete: Mit welcher Grundempfindung stehen Sie dem Leben gegenüber? Sechzig Prozent von allen antworteten in erschütternder Eindeutigkeit: mit Angst. Wie kommen Menschen, die in keiner Weise einen ängstlichen oder verdrückten Eindruck machen, dazu, eine derart befremdliche Antwort zu geben?

Die Lebensangst

Wenn man feststellen will, ob ein Mensch Angst hat oder besser: ob er ängstlich ist, so wird man geneigt sein, seine Stellung in der Lebensgefahr, also angesichts des Todes, zu erkunden. Versucht man mit diesem Mittel die Richtigkeit jener Rundfrage zu kontrollieren, so wird man sehr schnell an einen toten Punkt kommen. Denn man wird von unserer Generation nicht sagen können, daß sie dem Tode gegenüber besonders furchtsam sei. Man hat gelegentlich mit Erstaunen vermerkt, daß Furchtlosigkeit gegenüber dem Tode keineswegs durch so etwas wie einen »religiösen Halt« zustande zu kommen braucht, sondern daß religiös gleichgültige, ja atheistische und nihilistische Menschen eine betonte Kaltblütigkeit besitzen können.

Man geht wohl nicht fehl, wenn man in jener Gallup-Antwort statt der Angst vor dem Tod die Angst vor dem Leben ausgesprochen sieht. Wenn der mittelalterliche Mönch Luther von Schuldangst gegenüber dem göttlichen Richter erfüllt war und sich ihm dabei die Frage entrang: »Wie kriege ich einen gnädigen Gott?«, so sind die heutigen Menschen von Schicksalsangst geschüttelt, von Angst vor den ungeheuren und abgründigen Möglichkeiten, die das Leben birgt. Dort, wo einst der Richtergott stand, ist ein Vakuum, ein leerer Fleck.

Vielleicht sollte die christliche Verkündigung das ganz anders bedenken und den Menschen an und in diesem Abgrunde aufsuchen, in dem er Angst leidet. Tatsächlich spricht das Heilige Buch der Christenheit den Menschen nicht nur immer wieder auf seine Schuld, sondern vor allem auch auf seine Angst an. Und wenige Sätze wiederholen sich so oft wie der Ruf in den Gottesfrieden, der eingeleitet zu werden pflegt mit den Worten: Fürchtet euch nicht!

Um das Wesen dieser Angst zu verstehen, wird es sich empfehlen, einmal die sprachliche Wurzel dieses Wortes zu bedenken: Angst kommt her vom lateinischen Wort »angustiae«, das soviel bedeutet wie Enge des Atemraums, Beklemmung, so wie sie sich im Maximalzustand der Angst etwa bei der angina pectoris zeigt. Charakteristisch ist dabei, daß der Begriff Angst auf einen Zustand deutet, in dem die Frage, was mich ängstigt, zurücktritt oder gar nicht erscheint. Zum Wesen der Angst gehört die Unbestimmtheit des Bedrohungsgefühls.

Man mag dabei, um das zu verstehen, an das Bild von der Midgardschlange aus der germanischen Mythologie denken: Hinter dem Horizont ringelt sich um den Erdkreis die große Schlange, in deren Umstrickung wir mitten inne sind.

Die ganze Welt ist von dem Unheimlichen umschlossen. Es lastet auf allem, auch auf den Freuden und Festen, die man in dieser so schrecklich umschlungenen Welt feiern mag. Hier erst tritt der ganze Schrecken der Angst zutage. Solange ich bloße Furcht habe, d.h. etwas Bestimmtes befürchte, habe ich zugleich auch immer Hoffnung: Ich fürchte, den Krebs zu haben, aber vielleicht ist es nur eine harmlose Geschwulst, vielleicht gibt es auch eine unerwartete Heilungsaussicht. Ich fürchte, daß mein vermißter Sohn tot ist, aber vielleicht lebt er doch.

Das alles ist im ängstenden Banne der Midgardschlange anders. Hier ist die Welt in ihrer Ganzheit, mitsamt allen Befürchtungen und Hoffnungen, in Frage gestellt, und selbst über die Götter, zu denen man fleht, selbst über den Mächten der Hoffnung also, lastet der Schatten der Götterdämmerung. In den großen Katastrophenzeiten zieht die Schlange ihre Umstrickung sozusagen an. –

Fragwürdige Formen, mit der Angst fertig zu werden

Es wäre verwunderlich, wenn der Mensch nicht alles täte, um sich aus dieser Angst zu befreien. Wie er das versucht, kommt eindrücklich in Ernst Jüngers Essay »Der Mann im Mond« zum Ausdruck. »Hinsichtlich eines Sinnes – d.h. hinsichtlich einer erkennbaren Ordnung in der Geschichte – ist mein Dasein hoffnungslos (und also beängstigend) wie sonst keines auf der Erde. Ich – als Mann auf dem Mond – könnte nirgendwohin den Sinn verlegen (ich befinde mich ja in einer eisigen Mondlandschaft mit ihren Kratern). Seit ich es aufgegeben habe, über den Sinn meines Lebens zu grübeln, befinde ich mich ganz leidlich.« Man versucht also, über die Angst nicht in der Weise hinwegzukommen, daß man etwa in faustischer Weise doch noch einen Sinn zu gewinnen sucht, sondern so, daß man die Sinnfrage ignoriert, daß man fraglos in den Tag hineinlebt, daß man gleichsam vegetiert.

Ein prominentes Beispiel dieser Art, mit der Sinnfrage und also mit der Angst fertig zu werden, ist das Schicksal des bekannten englischen Obersten Lawrence, der durch seine Rolle als Führer der aufständischen Araber weltbekannt geworden ist und von dem Churchill gesagt hat, er sei eine der größten Hoffnungen des englischen Empire. Nach seinen glanzvollen Kriegstaten in der Wüste ließ sich der weltbekannte Oberst als einfacher Mann in das Bodenpersonal der Luftwaffe aufnehmen. Warum? »Ich tue das, um einem mechanischen Zweck zu dienen, nicht als Führer, sondern als Schatten einer Maschine ... Eine der Wohltaten ist es, nur ein Teil der Maschine zu sein. Man lehrt sich, daß es nicht auf einen ankommt.« Lawrence hatte große Taten getan, hatte für die Araber, die ihn vergötterten, große Verantwortungen übernommen. Im Grunde aber war sein Werk gescheitert und die Sinnlosigkeit alles von ihm Vollbrachten stürzte über ihn herein. Damit triumphierte über diesen Mutigsten die Lebensangst. Und davon suchte er sich zu befreien, indem er sich selbst mechanisierte, indem er nur noch ein Schräubchen in einer Maschine sein wollte.

Von der Lebensangst, von der Sinnlosigkeit erlöst man sich so nicht dadurch, daß man die Frage nach Sinn und Halt immer aufs neue stellt, sondern indem man sie nicht mehr stellt, indem man gleichsam aufhört, ein Mensch zu sein, indem man sich anonym macht, indem man sich in der Masse verdampfen läßt oder nur noch ausführendes Organ von Vorgängen und Funktionen wird, deren Zweck und Ziel einen nichts mehr angehen. Hier könnte man Ruhe finden. Es ist der trügerische Friede eines technischen Nirwana, der Friede der Selbstaufgabe, die Flucht in den Vordergrund und in die Oberflächlichkeit. Das alles tritt uns im heutigen Lebensstil überwältigend entgegen. Und es gibt wenige Erscheinungen im heutigen Leben, die nicht dieses Zeichen der Lebensangst und der Flucht davor an der Stirn trügen.

Das Überwinden der Angst

Damit stehen wir vor der Frage, ob es nicht eine *echte* Überwindung dieser Angst statt jener trügerischen »Umgehung« geben könnte.
Der Christ kann von dieser Überwindung nicht sprechen, ohne jener Gestalt zu gedenken, die von sich gesagt hat: In der Welt habt ihr Angst, aber siehe, ich habe die Welt überwunden.
Das Überraschende der biblischen Botschaft ist nun dies: Sie sieht das Gegenteil von Furcht und Angst in der *Liebe*. »Furcht« – man könnte hier genausogut sagen: »Angst – ist nicht in der Liebe«, heißt es in den Johannesbriefen. Das ist deshalb überraschend, weil hier nicht (wie man erwarten sollte) Haltung, Tapferkeit und Heroismus gegen die Angst ausgespielt werden. Das alles wäre ja nur verdrängte, nicht aber überwundene Angst. Sondern die positive Macht, die die Angst überwindet, ist die Liebe. Was damit gemeint ist, verstehen wir nur, wenn wir die Angst in ihrer letzten Wurzel begriffen haben, daß nämlich Angst gestörte Bindung und daß Liebe die wiedergewonnene Bindung ist. Wem an der Gestalt Jesu aufgeht, daß es einen väterlichen Weltgrund gibt und daß er geliebt ist, der verliert die Angst. Er verliert

sie nicht etwa deshalb, weil es jene bedrängenden Mächte nicht mehr gäbe. Auf dem Bilde Dürers »Ritter, Tod und Teufel« lauern sie alle noch am Wege. Aber sie haben keine Macht mehr über ihn. Wenn man ein Gleichnis will, so könnte man sagen: Wenn ich an der Hand des Vaters gehe, wenn ich dieser Hand gewiß bin, habe ich auch im dunkelsten Wald keine Angst mehr.

Wer Angst hat und um Christus weiß, darf zunächst dessen gewiß sein: Ich bin mit meiner Angst nicht allein, sondern er hat sie *auch* durchlitten. Damit entsteht ein ganz neues Verhältnis zur Zukunft: Sie ist nicht mehr die vernebelte Landschaft, in die ich angsterfüllt Ausschau halte, weil sich dunkle Fährnisse dort gegen mich zusammenbrauen. Nein, es ist alles ganz anders: Wir wissen nicht, was kommt, aber wir wissen, *wer* kommt. Wem aber die letzte Stunde gehört, der braucht die nächste Minute nicht mehr zu fürchten.

Hat unser Leben Sinn?

Ich wüßte kein besseres Modell für die Frage, welchen Sinn unser Leben hat, als das Gleichnis Jesu vom verlorenen Sohn (Lukas-Evangelium Kap. 15). Um das sichtbar zu machen, darf man freilich diese Geschichte nicht moralisch verstehen: so, als ob es also um einen mißratenen Jungen ginge, der seinem Vater davonläuft – sozusagen in die Fremdenlegion, auf jeden Fall aber in die Fremde –, der dann völlig verkommt und sich im letzten Augenblick gerade noch einmal auffängt. Diese Geschichte hat einen ganz andern Sinn als den einer bloßen Moralpredigt, sie hat sozusagen *viele* Sinnschichten, so daß man sie kaum ausschöpfen kann. Und ich werde auch hier nur einen *einzigen* dieser vielerlei Sinngehalte hervorkehren:

Fremde und Entfremdung

Da ist also ein junger Mann, der den Vater um sein Erbe bittet, um in eine unbekannte Fremde hinauszuziehen.
Warum will er denn weg?
Es braucht ja gar keine obskure Abenteurerlust zu sein, die ihn wegtreibt. Hätte der Vater ihn sonst wohl so anstandslos ausgezahlt und ihn »mir nichts, dir nichts« davongehen lassen?
Der junge Mann ging wohl weg, um sich selbst zu finden. Damit man sich selber finden kann, muß man manchmal ei-

gene Wege gehen. Zu Hause, in der Atmosphäre seines Elternhauses, mußte er ja immer tun, was der *Vater* wollte oder was die häusliche Sitte erforderte. Da fühlte er sich abhängig. Er konnte nicht tun, was *er* wollte, sondern er konnte nur tun, was sich eben gehörte. Und darum gehörte er nicht sich selbst, sondern er gehörte den Gepflogenheiten und Gesetzen seines Elternhauses. Da er außerdem nur der jüngere Bruder war, kam er erst recht nicht zu eigener Entfaltung.

Darum ging er weg, um sich selbst zu finden. Man könnte auch sagen: Er ging weg, um die Freiheit kennenzulernen. Und diese Freiheit, die ihn lockte und die ihm versprach, daß er nun einmal ganz »er selbst« sein dürfe, diese Freiheit erschien ihm als Freiheit von allen Bindungen.

Nun aber berichtet die Geschichte etwas Merkwürdiges:

Sie sagt uns nämlich, der verlorene Sohn habe all sein Gut mit unrechten Freunden, zweifelhaften Frauenspersonen und anderem üblem Gelichter vertan, sei schließlich an den Bettelstab gekommen, von allen verlassen worden und habe zu guter Letzt die Schweine hüten und aus dem Schweinetrog essen müssen.

Wenn also in seinem Aufbruch ein gewisser idealistischer Schwung gelegen und wenn ihn so etwas wie die Sehnsucht nach der Freiheit getrieben haben mag, so ist er bald kläglich gescheitert. Er suchte die Freiheit und sah sich sehr bald geknechtet an seine Triebe, an seinen Ehrgeiz, an die Angst vor der Einsamkeit, der gegenüber ihm jeder noch so obskure Gefährte gerade recht war; er war geknechtet an den Mammon, mit dessen Hilfe er seinen Leidenschaften frönte. Und *also* war er nicht frei, sondern er war auf eine neue Weise gebunden. Aber diese Bindung war schrecklicher als alles, was er einmal als häusliche Bindung beklagt hatte.

Was war passiert? Nun, ganz einfach dies, daß er sich im Gegensatz zu dem, was er sich vorgenommen hatte, eben selber *nicht* fand, sondern daß er sich verlor. Als er sich selber suchte, da meinte er, er würde sich finden, wenn er einmal alle seine Anlagen und Gaben zur Entfaltung brächte. Tatsächlich *hat* er sich dann in der »freien« Fremde ja auch entfalten können. Aber was war es, was sich da als seine »geprägte Form« nun »lebend entwickelte«? War es das sogenannte bessere Ich, waren es seine idealistischen Motive, die da zum Zuge kamen? Vielleicht war das alles *auch* dabei. Aber jedenfalls entwickelten sich bei seiner Selbstentfaltung auch die *dunklen* Seiten seines Wesens: Trieb, Ehrgeiz, Angst, Wollust. Indem er sich selbst entfaltete, wurde er gerade an das verknechtet, was sich an dunklen Gewalten in ihm meldete und sich eben mit entfaltete. So saß er schließlich im greulichsten Elend einer Tagelöhnerschaft. So war er plötzlich der letzte Knecht.

Nun passiert die zweite Merkwürdigkeit:

Als er so im Elend des Knechtsdaseins sitzt, da sehnt er sich nach der Freiheit, die er als Kind im Elternhaus genossen hatte. Nun weiß er auf einmal, daß sie *wirkliche* Freiheit war. Ja, er weiß noch mehr: er weiß nämlich plötzlich, daß Freiheit nicht etwa Bindungslosigkeit ist (die hat sich ja gerade als Knechtschaft entlarvt), sondern daß die Freiheit nur eine besondere *Form* der Bindung ist. Freiheit habe ich nur als Kind meines Vaters. Freiheit habe ich nur, wenn ich im Einklang mit meinem Ursprung lebe, wenn ich also – so heißt das dann ohne Bild – im Frieden mit Gott bin. Und als er sich dann zur Heimkehr entschließt, da ist das kein moralischer Entschluß, der ihn auf die lockende Fremde verzichten ließe – mit Ach und Krach und mit jenem moralischen Kater, wie er solche Entschlüsse zu begleiten pflegt –, sondern da ist es eine Wende, die von zitternder Freude und vom Glanze der Hoffnung erfüllt ist.

Man wird nach allem Gesagten sicher verstehen, warum ich diese Geschichte als einen entscheidenden Beitrag zu der Frage nach dem Sinn des Lebens bezeichnet habe. Denn diesen Sinn gewinne ich ja nur, wenn ich die *Erfüllung* meines Lebens finde, wenn ich also das verwirkliche, wozu ich entworfen bin. Und eben darum ging es auch dem verlorenen Sohn:

Auf allen seinen Irrfahrten, die ihn zu sich selber führen sollten, mußte er merken, daß er sich gerade *nicht* fand, wenn er sich selber suchte, sondern daß er nur dann zu sich selber kam, wenn er zum Vater kam. Das liegt daran, daß der Mensch seinem Wesen nach eben *nicht* eine geprägte Form ist, die sich nur lebend zu entwickeln brauchte, die also alles an Keimanlagen in sich trüge, was dann nur zu wachsen brauchte, sondern daß er eben ein Kind Gottes ist, das sich nur dann verwirklicht, wenn es in seine mündige Sohnschaft hineinwächst, und das sich gerade verfehlt, wenn es sich als ein isoliertes Ich und gleichsam als einen Solisten der Lebenskunst sucht.

Der goldene Himmel

Vielleicht haben einige, die dies lesen, schon einmal jene Bilder der Gotik gesehen, auf denen ein Mensch vor dem Hintergrunde eines goldenen Himmels steht. Dieser Hintergrund deutet das Eigentliche des Menschen an: daß er nämlich auf die Glorie Gottes bezogen ist. Heute würde man das Eigentliche eines Menschen dadurch darstellen, daß man seine individuellen Merkmale hervorhebt, daß man ihm also – natürlich nur, wenn er so etwas hat! – einen Charakterkopf gibt und daß man also das betont, was »in« ihm ist. Das aber tun die Maler der Gotik gerade nicht: Die Gesichter sind keineswegs individualistisch gesehen; Gebärde, Stellung und Faltenwurf sind stark typisiert. Auf die individuelle Besonderheit kommt es sozusagen gar nicht an, jedenfalls nicht entscheidend. Und wenn manche Kunsthistoriker meinen, die Individualität sei eben hier noch nicht »entdeckt«, so ist das zwar nicht falsch, aber es spricht doch nur ein Symptom und nicht den eigentlichen Grund dieser Darstellungsform an. Die Individualität ist nämlich *deshalb* noch nicht entdeckt, weil man das Eigentliche des Menschen nicht in seiner jeweils besonderen Selbstentfaltung suchte, sondern es darin sah, daß der Mensch auf die Glorie Gottes bezogen war.

Damit wollten jene Maler zum Ausdruck bringen, daß das Geheimnis und der Sinn des menschlichen Lebens nicht in seinen Anlagen und »Eigenschaften« steckt, sondern – wenn man so will – in seinen »Außenschaften«, in seiner Beziehung nämlich zu dem, auf den hin und von dem her unser Leben ist.

Die Freiheit, ich selbst zu sein, empfange ich nur, wenn ich frei werde für Gott. Und weil mir in Jesus Christus dieses Freisein für Gott, dieses Vater-Kind-Verhältnis geschenkt ist, darum gilt es wirklich: »Wen der Sohn frei macht, der ist recht frei.« Darum gilt auch der andere Satz: »Die Wahrheit wird euch frei machen.« Denn die Wahrheit, um die es hier geht, ist ja nicht die Richtigkeit irgendeines dogmatischen Lehrsatzes, sondern sie ist eine Tatsache unseres *Lebens:* daß wir nämlich in der Bindung an den Vater existieren. Nur wer Gott gefunden hat, findet auch sich selbst.

Dann aber ist schon dafür gesorgt, daß sich auch alles Originale und Einmalige in uns erfüllt und verwirklicht, daß also unsere Individualität nicht zu kurz kommt. Denn wer in der Freiheit des Vaterhauses lebt und atmet und also Frieden hat, wird auch frei sich selbst gegenüber, weil ihn nichts mehr scheiden kann von jener Liebe, die ihn ergriffen hat, und weil er darum keine Angst mehr vor sich selbst, auch nicht vor seinen dunklen Seiten, zu haben braucht. Es gibt ja nun jemanden, bei dem er geborgen ist und der ihm die Treue hält; es gibt jemanden, zu dem er so kommen darf, wie er ist.

Das Leben gelingt uns nur, wenn wir *dies* Leben finden. Wenn wir es aber verfehlen, gehen wir an dem vorbei, wozu wir entworfen sind. Wir mögen dann immerhin in der Welt etwas Großes werden; es mag uns nicht an äußeren Gütern mangeln, und die Menschen können den Hut tief vor uns abziehen. Doch den Sinn unseres Lebens haben wir dann verfehlt.

Als der Vater seinen heimkehrenden Sohn in die Arme schloß, da war er nicht nur wieder daheim. Er war auch wieder bei sich selbst.

Wie können wir neu werden?

Es ist erstaunlich, welche Schwierigkeiten wir oft haben, auch nur die schlichtesten und bekanntesten Begriffe des Christentums zu verstehen. Was heißt z. B. »Vergebung«? Was heißt »Rechtfertigung«? Das scheinen uns oft – wenn wir überhaupt darüber nachdenken – außerplanetarische, meteorische Stoffe zu sein, die mit den Metallen unsrer irdischen Worte nicht legiert werden können. Denn wenn wir die Bedeutung bedenken, die etwa die Worte »Vergeben« und »Verzeihen« in unserem normalen Sprachgebrauch übernommen haben, stellt sich heraus, daß ihre christliche Urbedeutsamkeit sich allen Einschmelzungsversuchen entzieht. Ich führe nur ein Beispiel dieser Art an:

»Alles verstehen heißt alles verzeihen«

So sagen wir etwa. Das bedeutet doch in der letzten Konsequenz: Wenn es mir gelingt, den psychologisch bedingten, zwangsläufigen Ablauf, der etwa zu einem Raubmord geführt hat, bis ins letzte und lückenlos zu rekonstruieren, kann ich dem Verbrecher nicht mehr böse sein, denn dann ist mir alles verständlich geworden. Daß mir so alles verständlich geworden ist, bedeutet, daß es bei jenem Verbrechen schließlich gar nicht um eine verantwortliche Entscheidung zwischen Gut und Böse gegangen ist, sondern um einen notwendigen, zwangsläufigen Prozeß und also um einen Vorgang jenseits von Gut und Böse. Der Naturwissenschaftler, der in seinem Reagenzglas einen chemischen Vorgang beobachtet, wird ja auch das Spiel der Moleküle und Atome nicht als einen Kampf zwischen Gut und Böse verstehen können. Genausowenig können wir scheinbar ethische Kategorien anwenden, wenn wir das Spiel der Kräfte in Seele und Umwelt beobachten, die in der zwangsläufigen Aufeinanderfolge von Ursache und Wirkung zu dem Endeffekt Raubmord führen. Alles verstehen – ja, nun dürfte man eigentlich nicht fortfahren: heißt alles verzeihen; sondern man müßte sagen: Alles verstehen heißt, daß gar nichts mehr zum Verzeihen übrigbleibt, weil das Schreckliche, was da geschehen ist, notwendig war.

Hier zeigt sich nun, wie ganz anders der christliche Glaube denkt: Gott versteht zwar alles. »Herr, du erforschest mich und kennest mich«, sagt der 139. Psalm. Und weiter: »Du verstehst meine Gedanken von ferne.« Und noch weiter: »Es ist kein Wort auf meiner Zunge, das du, Herr, nicht alles wissest.«

Der Psalm zieht aber daraus nicht etwa die Folgerung: Dann hast du, Herr, mir also keine Vorwürfe zu machen, wenn ich nicht so bin, wie ich sein sollte. Sondern er sagt im Gegenteil: Es ist furchtbar, es ist geradezu verzehrend, daran zu denken, daß es jemanden gibt, der mich restlos durchschaut. Ich möchte Flügel der Morgenröte nehmen, um mich diesem alles durchschauenden Blick zu entziehen. Ich möchte die Morgensternsche Dunkellampe anknipsen, ich möchte mich in Finsternis und Nebel einhüllen. Aber das geht eben nicht. Der göttliche Blick findet mich doch, und die herbeigerufene Nacht muß taghell werden. Ich bleibe diesem verzehrenden, alles verstehenden Blicke Gottes ausgesetzt. Ich gehe an ihm zugrunde.

Wenn nun weiter gesagt wird, daß dieser alles verstehende Gott nicht wegen, sondern trotz seines Verstehens unser Vater sein und uns annehmen will, dann ist das gerade ein Vorgang, den wir nicht erwarten können; dann beruht das auf einem Wunder des göttlichen Herzens, das wir nur fassungslos zur Kenntnis nehmen können. Daß uns verziehen wird und daß noch einmal alles neu werden kann, daß wir also eine Chance haben, beruht absolut *nicht* darauf, daß der alles verstehende Gott unser Ungenüge kausal ableitet. Sondern es beruht darauf, daß etwas in Gott passiert. Verzeihen gründet letzten Endes weder in dem Alles-verstehen-Können noch in dem Alles-vergessen-Können. Genausowenig wie wir uns mit dem Mantel der Finsternis umhüllen können, so wenig bedeckt uns Gott mit dem Mantel des Vergessens. Sondern: indem er alles sieht, was wir nicht sein dürften, vergibt er uns. Was kann das heißen?

Mensch ohne Vergangenheit

Anouilh berichtet uns in seinem Drama »Der Reisende ohne Gepäck« eine Geschichte, die uns weiterhelfen kann, obwohl sie ganz und gar unchristlich ist:
Ein junger Soldat hat im Kriege einen Kopfschuß erhalten, der ihm sein Gedächtnis total geraubt hat. Er weiß nicht mehr, wie er heißt, woher er stammt, und kennt auch seine Familie nicht mehr. Durch Rundfunk und Presse macht man diesen Fall bekannt, um etwa in Betracht kommende Angehörige aufzufordern, sich zu melden. Nachdem eine Fülle solcher Meldungen eingegangen ist, wird der junge Mann auf eine Rundreise geschickt, um sich jeweils vorzustellen und also Gewißheit darüber zu kriegen, ob seine Eltern un-

ter denen sind, die sich da gemeldet haben. Zunächst gibt es lauter Fehlanzeigen und Enttäuschungen, bis plötzlich eine Familie wie aus einem Munde ruft: Da ist er ja, unser Sohn, unser Bruder! Während ihn aber die Seinen erkennen, bleibt er – der Mann ohne Gedächtnis – ohne Erinnerung und steht unbeteiligt und erschreckend fremd mitten unter den Seinen. Man versucht nun seinem Gedächtnis auf die Sprünge zu helfen, indem man ihn an besonders starke Eindrücke seiner Jugendzeit erinnert. Man führt ihn zum Beispiel an eine Treppe, über die er einmal in seinem Zorn einen Jugendgespielen heruntergestürzt hat, so daß er sich Hals und Glieder brach – ein schreckliches Jugenderlebnis. Aber er bleibt ungerührt, seine Erinnerung versagt selbst hier. Dann nimmt ihn eine Hausangestellte beiseite, der er einmal Schlimmes zufügte, und sie fragt ihn unter Tränen, ob er sich denn gar nicht mehr erinnere, was er ihr angetan habe. Als er auch hier mit seiner Erinnerung versagt, gibt sie ihm einen Beweis für seine Identität und spricht von einem Muttermal, das er an seinem Körper trage. Er stellt dann vor einem Spiegel fest, daß es wirklich so ist, und kann sich damit der Gewißheit, wer er ist, nicht mehr entziehen. Bisher war er jemand, der nur in der Gegenwart lebte und eine Zukunft zu gestalten hatte. Nun aber hat er plötzlich eine Vergangenheit. Mit sich identisch sein heißt eine Vergangenheit haben. Und eine Vergangenheit haben heißt Schuld haben; es heißt ein Gepäck tragen müssen, es heißt festgelegt sein durch das, was ich hinter mir habe. In dieser Lage sind wir ja alle. Bei jeder Bewerbung müssen wir einen Lebenslauf einreichen und unsere Vergangenheit enthüllen. Man geht eben davon aus, daß ein Mensch mit dem identisch ist, was er hinter sich hat. (Das ist ja das Leid entlassener Strafgefangener: Man identifiziert sie auch fürder mit ihrer ein-

stigen Tat und verweigert sich ihnen.) Im allgemeinen sind wir an das Gepäck unserer Vergangenheit so gewöhnt, daß wir es kaum mehr merken. In diesem dramatischen Experiment aber wird uns einmal gezeigt, wie erschreckend es ist, dieses Gepäck plötzlich wie in einem ungewohnten Anblick vor sich sehen zu müssen. Der junge Mann erträgt das einfach nicht und verschweigt darum das, was er nun plötzlich weiß. Er stellt sich weiter dumm.
Nun hat sich noch eine weitere Familie gemeldet, die er besucht, obwohl er sich klar ist, daß es keinen Sinn mehr hat. Auch diese Familie weiß sofort, als sie ihn sieht, daß er nicht der ihre ist. Aber sie braucht aus irgendwelchen Gründen einen männlichen Erben. So macht er mit ihr aus, sich als ihren Sohn auszugeben. Warum? Aus dem einzigen Grund, weil er hier noch einmal neu anfangen könnte, weil er hier *wieder* ein Mann ohne Vergangenheit sein könnte und nur noch eine Zukunft haben würde. Hier könnte er ein Reisender *ohne* Gepäck sein. –
Es ist nun merkwürdig zu sehen, in welchem Maße sich diese Geschichte mit der Fragestellung – nicht mit der Antwort – des Neuen Testaments berührt. Man könnte nämlich in seinem Sinne ganz korrekt sagen: Vergebung empfangen heißt eine neue Zukunft kriegen. Vergebung empfangen bedeutet, daß mir mein Gepäck abgenommen wird, daß ein anderer es auf sich nimmt und für mich trägt. Denn für das Auge Gottes bin ich nicht mehr identisch mit meiner Vergangenheit. Ganz schlicht gesagt, heißt das: Wenn Gott von mir spricht, dann sagt er nicht: Das ist der Mann, der das und das getan hat, sondern er sagt: Das ist der Mann, mit dem ich – allem zum Trotz – dies und das vorhabe. Der Schuldschein ist – so sagt der Kolosserbrief (2, 14) – ans Kreuz geheftet. Ein anderer hat mir – das ist das Geheimnis

der Stellvertretung – die Last abgenommen. Nun bin ich nicht mehr in meinem Wesen bestimmt durch das, was ich hinter mir habe, sondern durch das, was ich vor mir habe. »Das Alte ist vergangen, siehe, es ist alles neu geworden.« Wir sind eine neue Kreatur, so klingt und strahlt es durch das Neue Testament hin.

Natürlich ist diese Befreiung ganz anders als in jenem existentialistischen Drama: Dort wird in titanenhaftem Trotz die Vergangenheit hinweggewischt. Da sagt man sich einfach gewaltsam und in trügerischer Weise von ihr los. Man tut so, als ob es wirklich möglich wäre, einfach zu sagen: Ich fange von vorne an. Als ob man wirklich seine eigene Identität sprengen könnte! Als ob nicht auch jener Mann ohne Gedächtnis, wenn er denn in die Fremde geht, um eine neue Zukunft zu haben, sich schon im nächsten Augenblick wieder mit Vergangenheit angereichert hätte und mit neuem Gepäck und neuer Schuld belastet vor den ewigen Augen stünde! Im Neuen Testament dagegen wird uns gesagt: Es ist das Wunder des göttlichen Herzens, daß es unsere Vergangenheit nicht mehr gelten lassen will, weil es die Last meines Lebens in sich hineingenommen hat, weil es unter dieser Last zu sehr leidet. Golgatha ist ein Schmerz in Gott, so hat einmal jemand gesagt; und er wollte damit nichts anderes ausdrücken als dies eine: Gott selbst trägt meine Vergangenheit, damit ich eine neue Chance, eine neue Zukunft kriege. Das steht hinter jenem Wort, das in der alten Sprache der Bibel lautet: »Also hat Gott die Welt geliebt, daß er seinen eingeborenen Sohn gab, damit alle, die an ihn glauben, nicht verlorengehen, sondern das ewige Leben haben.«

Wie kann »Umkehr« Freude sein?

Wenn wir die jährliche Abfolge unserer christlichen Feste nicht gedankenlos als bloße Routine über uns ergehen lassen, sondern den abenteuerlichen Versuch machen, uns etwas dabei zu denken – zum Beispiel beim sogenannten »Buß- und Bettag« –, sehen wir uns einer merkwürdigen Hilflosigkeit überantwortet. Das Worte »Buße« ist die schlechte Übersetzung des griechischen Begriffs metanoia, das soviel heißt wie »Sinnesänderung«. Und dies griechische Wort ist wiederum die schlechte Übersetzung des hebräischen Urwortes, das soviel heißt wie »Umkehr«. Wir stehen also vor der doppelten Degeneration eines Wortes.

Umkehr wohin?

Ob uns freilich mit dieser Feststellung viel geholfen ist? Schließlich enthält auch das Wort Umkehr nicht gerade erleuchtende Hinweise darauf, was wir nun tun und wohin wir umkehren sollen. Ernsthafte Leute, die immer noch an dem Vorurteil festhalten, daß die Worte einer alten Tradition nicht ohne Weisheit seien, und die sie für ihr Leben fruchtbar machen möchten, ernsthafte Leute also, die unter dem Substanzverlust unseres Menschentums leiden und darum nach Botschaften Ausschau halten, die früheren Generationen einmal Gewicht und Richtung, Halt und Trost gegeben haben, legen sich dieses Wort von der Umkehr dann auf *ihre*

Weise zurecht: Sie machen aus der Umkehr so etwas wie Einkehr bei sich selbst. Sie sagen sich: der hektische Umtrieb unseres Lebensstils bedarf einer heilenden Ruhe der Besinnung, er bedarf der schöpferischen Distanz und der Gelassenheit. Man kommt nicht mehr zu sich selbst; heute aber kehre ich einmal bei mir selber ein.

In dieser therapeutischen Maßnahme der ernsthaften Leute zeigt sich ein interessantes und immer wiederkehrendes Phänomen: Wenn man das eigentliche Thema verloren hat, das heißt, wenn das eigentliche Wohin entschwunden ist, dem unsere Umkehr gelten sollte, weicht man in den *Akt* der Umkehr aus: man »kehrt dann nur noch ein«. Wenn man nicht mehr weiß, woran man glauben soll, weicht man in den Akt des Glaubens aus und hält sich an die »Gläubigkeit« als Haltung. Wenn man das Ziel verloren hat, hält man sich an den Akt des »immer strebenden Bemühens«, an den ziellosen Schritt des faustischen Wanderers.

Darum verbaut man sich – gerade als jenes Exemplar der ernsthaften Leute – das Thema des Bußtages, wenn man ihn nur als Zeitraum der Besinnung und der Einkehr versteht. Tatsächlich ist das Thema dieses Tages eine Besinnung *auf* etwas: darauf, daß unser Leben in dem Vielerlei erstickt und daß doch nur »Eines« not ist: daß wir mit der letzten Wirklichkeit ins reine kommen. Der reiche Kornbauer des Lukas-Evangeliums (12, 16f.) hat alle seine Scheunen gefüllt, er ist ein Erfolgsmensch und hat doch über dem vielen, das er gewann, die tragende Thematik seines Lebens verloren: er hat den Frieden mit Gott versäumt. Darum fällt ihm in der Nacht, da Gott sein Leben fordert, der Ertrag seines Lebens aus der Hand, und seine hilflosen Hände greifen ins Leere. Man kann die ganze Welt gewinnen und Schaden nehmen an seiner Seele. Der Bußtag fragt uns darum nicht, ob wir

»mit den berühmten beiden Beinen« im Leben stehen und ob wir so eine gute und stabile Figur machen. Sondern er fragt uns, *worauf* wir mit diesen beiden Beinen stehen. Es könnte ja sein, daß es ein Schein-Stehen im Bodenlosen wäre. Wir sind nach den Fundamenten gefragt, und uns sind diese Fundamente angeboten.

Wer diese Frage und dieses Angebot übersieht, kann den Bußtag nur moralisch deuten. Denn selbstverständlich ist uns »ernsthaften Leuten« durchaus klar, daß es allenthalben bei uns fehlt und daß wir unsere Norm und unser Soll nicht erfüllen. Zur Einkehr, die wir halten, mag also die Besinnung auf unsere Schuldigkeit gehören. Wir sind durchaus bereit, mit uns ins Gericht zu gehen. Vielleicht stellen wir fest, daß unsere Sozialordnungen nicht entfernt dem Bilde des Menschen entsprechen, das unsere abendländische Tradition als Postulat in sich enthält. Vielleicht sehen wir erschreckt, in welchem Maße wir dem Verhängnis der Vermassung und damit der Degeneration des Menschlichen überantwortet sind, und daß eine mehr als fragwürdige Zukunft schon begonnen hat. Wir sehen die Entartung der Arbeit zum betäubenden Betrieb, wir sehen die Destruktion von Erholung und Feier zum Taumel der Zerstreuung und der Ablenkung vom Eigentlichen und halten Ausschau nach Medizinen gegen die Zeichen des Verfalls und des Ungenüges.

Und wieder sind es die ernsthaften Leute, die eine Umkehr und eine Abkehr von den Verfallserscheinungen in einer Besinnung auf die tragenden Fundamente des christlichen Abendlandes sehen, vor allem in einer Wiederherstellung der menschlichen Würde und ihres metaphysischen Bezuges, so wie sie den humanen Idealen unserer Überlieferung entspricht.

Auch hier freilich sollten wir ein Bedenken ernst nehmen: Das sogenannte christliche Abendland mitsamt seinen Humanitätsidealen ist nur ein Niederschlag, und ich wage sogar in bewußter Zuspitzung zu sagen: ist nur das »Nebenprodukt« einer ganz bestimmten Tatsache: daß unser Kulturkreis einmal der Gestalt begegnet ist, die ihm das Gepräge gab und die ihm ein gewisses, wenn auch fragwürdiges Recht verlieh, sich als »christlich« zu bezeichnen.

Indem der Bußtag uns nach dem eigentlichen Ziel unserer Umkehr und also nach dieser Gestalt fragt, lautet das entscheidende Problem so: Können wir das christliche Abendland auf die Dauer haben und behalten, wenn wir die Beziehung zu dieser es tragenden, es beseelenden, es erfüllenden Gestalt verlieren? Ist es möglich, gewisse christliche Ideen der Humanität, der Nächstenliebe, der Gläubigkeit festzuhalten, wenn uns die Gestalt Jesu selbst entschwindet und wenn wir statt des Originals nur Kopien von Kopien in unseren Händen halten? Ist das, was wir dann noch zu sehen bekommen, etwas anderes als das Nachrollen einer Maschine, deren Motor längst abgestellt ist und deren eigener Stillstand sich berechnen läßt? Läßt sich die These vom »unendlichen Wert der Menschenseele« noch beliebig lange aufrechterhalten, wenn der Grund ihres Wertes entschwunden ist: daß sie nämlich teuer erkauft ist, daß der Gottessohn für sie starb und daß sie also unter dem Patronat einer ewigen Güte steht? Wird der *Wert* des Menschen nicht zur bloßen *Verwertbarkeit* herabsinken, wird der Mensch nicht zu einem Produktionsmittel und zu einer Konsumware werden, wenn ihm dieser Bezug genommen ist? (Wir brauchen nur gen Osten – aber nicht *nur* gen Osten – zu blicken, um den Endpunkt dieses Gefälles vor Augen zu haben.)

Vieles ist gut, doch nur Eines ist not

Damit ist noch einmal das Thema des Bußtages gestellt: daß alles auf ein *Ziel* unserer Umkehr ankommt. Wenn wir nicht jenem Gefälle überliefert sein wollen, das man als den Weg von der Divinität über die Humanität zur Bestialität bezeichnet hat, dann kommt es bei jener Umkehr darauf an, mit dieser unser Leben tragenden Gestalt ins reine zu kommen. Der Bußtag ruft uns aus dem moralischen »Vielerlei« des Besserungsbedürfnisses zu dem »Einen«, was not ist.

Es gehört zur grandiosen Monotonie der biblischen Botschaft, daß sie die Thematik unseres Lebens immer wieder auf *einen* Punkt konzentriert: Trachtet am ersten nach dem Reiche Gottes, dann wird euch alles andere – die Humanität, die soziale Nächstenliebe, die Gemeinschaft des Volkes, die Erneuerung der Arbeit – zufallen, dann wird dies alles wie »nebenbei« *auch* noch mit herauskommen. Und umgekehrt: Wenn dieses Eine und Eigentliche verfehlt wird, mögt ihr große Häuser bauen; aber sie stehen auf Sand; mögt ihr eure Scheunen füllen; aber ihr greift mit den Händen ins Leere; mögt ihr mit festen Beinen dastehen; aber unter euch gähnt das Bodenlose. Es wäre schon viel gewonnen, wenn der Gedanke an Umkehr unseren Blick auf dieses Vorzeichen vor der Klammer alles dessen sichtbar machte, was von uns geleistet und anders gemacht werden sollte. Die eigentlichen Entscheidungen unseres Lebens fallen bereits, ehe wir die Klammer zu setzen und ehe wir die Summanden unserer Lebensinhalte zu addieren beginnen.

Es wäre freilich verfehlt, wollten wir in alledem nur einen tödlichen Ernst erblicken. Revisionen – und jede Umkehr ist ja eine Revision – sehen nach Kritik und Verneinung aus.

Ob es bei der Umkehr um einen Akt der Negation geht, hängt ausschließlich davon ab, *wohin* uns diese Umkehr führen soll. Die Umkehr im christlichen Sinne geht nicht in erster Linie von dem Motiv aus, es von jetzt ab »besser« zu machen, sondern sie heißt Heimkehr zu dem, der alles »gut« gemacht hat. Sie heißt nicht einfach, ein guter Mensch zu werden – wer könnte das im Ernst zu erreichen hoffen! –, sondern uns dem anvertrauen, der uns gut ist. Ob wir mit der letzten unser Leben tragenden Macht ins reine kommen, ob wir sozusagen mit ihr Frieden schließen, hängt nicht davon ab, daß wir bestimmte Bedingungen erfüllen, auf Grund deren sie uns akzeptieren könnte. Sondern diese Erfüllung unseres Lebens hängt ausschließlich daran, wie diese Macht ihrerseits zu uns steht und wie sie uns gesonnen ist.

Leitstrahl für die Heimkehr

Die Bibel sagt in einer atemberaubenden Schlichtheit, daß diese letzte Macht uns gut sei; sie sagt, daß Gott sich's etwas habe kosten lassen, um uns in unserer Tiefe nachzugehen. Sie sagt, daß der Gottessohn nicht aus fernen Höhen nach uns ruft, sondern daß er dort auftaucht, wo wir Menschen uns mit den Mächten der Schuld, des Leides und des Todes herumschlagen, und daß er das alles an unserer Seite auf sich nimmt, um unser Bruder zu sein.

Wenn das stimmt – und in dieser Gewißheit haben die Großen der Christenheit immerhin gelebt, in dieser Gewißheit haben sie die dunklen Gewalten ertragen, und in ihr sind sie gestorben –, dann ist die Umkehr eine fröhliche Sache, weil sie Heimkehr ist.

> In jedem lebt ein Bild
> des, das er werden soll.
> Solang er das nicht ist,
> ist nicht sein Friede voll.

Es geht also um die Heimkehr zu unserer Bestimmung, zu dem, was wir werden sollen. Wir dürfen in jenen Frieden eingehen, der uns geschenkt wird, wenn wir kongruent werden mit unserem Entwurf. Das aber wäre das Ende aller kritischen Verneinung, das wäre die Position schlechthin.

Als der »verlorene Sohn«, über den wir schon sprachen, sich zur Heimkehr entschließt, tut er das nicht aus Überdruß an der Fremde; er tut es nicht, weil dem Zauber der Ferne und den Orgien seiner bindungslosen Freiheit so etwas wie Überdruß und Katerstimmung gefolgt wäre. Gewiß war das Ende am Schweinetrog der Ort für eine sehr trübe Meditation, in der ihm der Höhenflug seiner Freiheit zur Nichtigkeit zerrann, in der ihm sein einstiger Schwung als Leerlauf erschien und die Frage »Wozu das alles?« mit einer deprimierenden Fehlanzeige endete. Es ist aber nicht einzusehen, wieso dieses äußerste Tief seiner Lebenskurve zu einer Läuterung führen und wie aus dem Sterben nun ein Werden entstehen sollte. Die Endstation »Schweinetrog« ist nur ein Gleichnis für die äußerste Nichtigkeit, der sich der verlorene Sohn überlassen sieht; sie ist das Ende in der Leere, in einer Gefangenschaft ohne Ausweg.

Das, was ihn hochreißt, ist nicht der Überdruß an der Fremde, ist auch nicht der horror vacui (die Scheu vor der Leere) und sind auch nicht die hundert guten Vorsätze, deren Fruchtlosigkeit er bis zum Exzeß gekostet hat. Nein: Das, was ihm eine neue Initiative gibt, ist die Erinnerung daran, daß sein Vaterhaus für ihn offensteht, daß an seinen

Fenstern die wartenden Lampen brennen und daß ihm einer entgegenkommen wird, der ihm gut ist und der den Gescheiterten in all seinen Lumpen als sein eigen Fleisch und Blut erkennt.

Das alles wäre wohl ein schönes Märchen und eine unwirkliche Romanze, wenn wir den nicht kennen dürften, der uns diesen Bericht gibt und der dafür einsteht. Umkehr ist also nicht die Negation dessen, was wir hinter uns haben (oder sie ist diese Negation doch nur sehr nachträglich und gleichsam nebenher); sondern sie ist der fröhliche Aufbruch zu dem, was wir *vor* uns haben.

Vergebung empfangen heißt, daß unsere Vergangenheit durchstrichen ist und daß wir eine neue Zukunft kriegen. Der Bußtag ist die festliche Verheißung dessen, daß einer auf uns wartet und daß noch nicht aller Tage Abend ist. Das Eine, was »notwendig« ist und was also die Not wendet, ist zugleich das Verheißene. Selig sind, die eine Heimat haben, denn sie dürfen nach Hause kommen.

Was bedeutet Vergebung?

Es gibt heutzutage viele Menschen, die gegenüber religiösen Fragen aufgeschlossen sind, auch wenn sie keinen Gebrauch von der Kirche machen. Die Schlagworte des Freidenkertums von einst treiben im wesentlichen nur noch in den etwas unklaren Köpfen von Halb- oder Viertelgebildeten ihr Unwesen. Eine gewisse Sympathie gegenüber dem, was ich das »christliche Gedankengut« nennen möchte, bezieht sich freilich in der Regel nur darauf, daß das Christentum soziale Neigungen habe, ein im weitesten Sinne ethisches Programm enthalte und durch seine Bindung an das Absolute ein gewisses konservatives Beharrungsvermögen zeige, das man in der Zerrissenheit und im Chaos des geschichtlichen Lebens nicht gerne missen möchte. – Sobald man aber tiefer gräbt, erfolgt eine Fehlanzeige: Die Gestalt Jesu selbst, die doch als zeugerische Kraft *hinter* jenem sogenannten »christlichen Gedankengut« steckt, scheint die große Unbekannte zu bleiben. Dann aber – wenn das so ist – muß angenommen werden, daß auch jenes »christliche Gedankengut« auf einem Mißverständnis beruht, daß man gleichsam seine Pointe verfehlt und es unter der Hand in eine allgemeinmenschliche Moral verwandelt hat.

Die Feindesliebe

Ein Zeichen dafür, daß es tatsächlich so ist, dürfte darin bestehen, daß auch diese religiös »wohlwollenden« Kreise für einen der christlich zentralen Gedanken, für die Feindesliebe, kein Verständnis aufbringen. Ist diese Forderung Jesu nicht einfach unnatürlich? Das heißt: widerspricht sie nicht den elementarsten Naturgesetzen, die alle vom Kampf und Selbstbehauptung und also von Feindschaften wissen? Kommt darum in jener Forderung nicht eine Leidenschaft des Duldens, der Passivität und des Pazifismus zum Ausdruck, die unserer gesunden inneren Beschaffenheit aufs äußerste widerstreitet und sie schließlich – wenn sie wirklich ausgelebt würde – das Leben selbst zur Erstarrung bringen müßte?

Nun muß man zunächst einmal, um das Wort richtig zu verstehen, wissen, daß mit jenem Gebot Jesu nicht ein Programmsatz über den Krieg und den sogenannten Landesfeind ausgesprochen ist. Jesus spricht hier vielmehr zu seinen Jüngern über jene Feinde, von denen sie um ihres Glaubens willen verfolgt werden. Er spricht also von ihren persönlichen Gegnern und damit von denen, die ihnen Unrecht tun. Es sind jene Feinde, die als grausame Henkersknechte später seinen Weg zum Kreuz begleiten, die ihn foltern und verspotten, die ihn hassen und sich an ihm vergreifen.

Aber damit wird das Problem ja keineswegs leichter. Wie kann ich so jemanden lieben? Soll ich etwa die natürlichen Reaktionen meines Instinktes unterdrücken und verdrängen und nach diesem Akt der Gewaltsamkeit dann nicht weniger gewaltsam Sympathie und Liebesgefühle in mir hochpumpen? Man braucht das alles nur so auszudrücken, um sich darüber klar zu werden: Hier würde nur eine – und nun wirklich höchst unnatürliche – Verkrampfung, hier würde der Krampf selber entstehen. Wenn aber die Feindesliebe unmöglich so gemeint sein kann, wie ist sie denn dann gemeint? Ich will es an einem Beispiel verdeutlichen: Meiner

Erinnerung nach ist es Erich Maria Remarque gewesen, der einmal folgende Geschichte berichtet: Bei einem Sturmangriff stürzt jemand mitten im Handgemenge in einen abseits gelegenen Granattrichter. Dort findet er einen verwundeten Feind – einen Franzosen oder Engländer – vor. Der Anblick des Mannes mit seiner tödlichen Wunde erbarmt ihn so, daß er ihm einen Schluck aus seiner Feldflasche gibt. Durch diese kleine Menschenfreundlichkeit entsteht sofort ein gewisser brüderlicher Kontakt zwischen den beiden, der noch inniger wird, als sie nun ein wenig miteinander radebrechen und der Sterbende offenbar von Frau und Kindern erzählen will, an die er abschiednehmend denkt. Er deutet auf seine Brusttasche. Der deutsche Soldat versteht diesen Wink wohl richtig, als er eine Brieftasche daraus hervorzieht und ihr einige Familienphotos entnimmt, über die nun der wehmütige und unendlich liebende Blick des Verwundeten gleitet. Der deutsche Soldat ist davon aufs tiefste bewegt: Eben noch hat er mit dem Bajonett auf den Feind eingestochen, eben noch waren alle Kampfinstinkte in ihm entfesselt, wie sie ja ein Angriff zu mobilisieren pflegt. Und jetzt liegt einer dieser Feinde vor ihm – und er ist kein Feind mehr. Er ist einfach nicht mehr der Franzose oder der Engländer, sondern er ist der Mensch, ein Vater und ein Ehegatte, einer, der liebt und geliebt wird, einer, der sein Haus beschützte und der nun von allem, was ihm teuer ist, Abschied nehmen muß. Der andere tritt dem deutschen Soldaten auf einmal in einer völlig veränderten Weise gegenüber, und ihm wird jählings klar: Es gibt ja gar nicht nur das Freund-Feind-Verhältnis, sondern dahinter oder darüber gibt es die Unmittelbarkeit zum Menschenbruder, zu dem also, der wie ich selbst in seinem Hause und bei seinen Lieben lebt, der seine Freuden und seine Kümmernisse hat wie ich selbst.

Verwandelnde Kraft

Was ist also in diesem Granattrichter passiert? Hat der deutsche Soldat sich plötzlich an seine Pflicht zur Menschenliebe erinnert, die Wildheit seines Kampfinstinktes niedergekämpft und sich zu einer menschenfreundlichen Geste gezwungen? Nein, es ist etwas ganz anderes geschehen: Statt daß er krampfhaft sein Gefühlsleben verwandelt hätte, war der *andere* für ihn verwandelt, und darum – nur darum – änderten sich *dann* auch seine Gefühle. Darum, nur darum konnte er den andern lieben.

So ist es auch mit der Feindesliebe. Was sie ist, erkennt man am besten an der Gestalt Jesu selber: Wie ist es möglich, daß er, der Heilige, die große Sünderin lieben kann und daß er angesichts seiner Henkersknechte zu beten weiß: Vater, vergib ihnen, denn sie wissen nicht, was sie tun? Ob denn wohl sein Herz ganz unbehelligt blieb von allem feindlichen Reagieren auf die Niedertracht der Betrüger und Ehebrecher, auf die Grausamkeit seiner Peiniger, auf die Ungerechtigkeit und Feigheit des Pontius Pilatus? Sicher hat ihn das alles *auch* bewegt, sonst wäre er nicht ein Mensch wie wir. Aber er sah diese andern und feindlichen Menschen nicht nur in dem Koordinatensystem von Gut und Böse, er sah sie nicht nur im Freund-Feind-Verhältnis, sondern er sah sie zugleich als die verlorenen Kinder seines Vaters, die zu etwas ganz anderem entworfen waren, und um die er nun trauerte, weil sie ihren Ursprung und ihre Bestimmung verloren hatten. Er sah in ihnen den originalen göttlichen Entwurf, dem sie untreu geworden waren. Sein allwissendes und liebendes Auge durchdrang gleichsam die Schmutzschicht, die über ihnen lag, und er sah das Eigentliche in ihnen.

Seine Feinde lieben heißt also nicht, daß wir den Schmutz

lieben sollten, in dem die Perle ruht, sondern es heißt: die Perle zu lieben, die im Staube liegt. Weil die Menschen, die Jesus begegneten, diese Schicht in sich entdeckt sahen, weil sie also nicht als Verbrecher vor ihm standen, sondern als die verlorenen und gesuchten und betrauerten Kinder Gottes, darum wurden sie durch diese Augen verwandelt. Darum wurde unter diesem Blick der originale Entwurf wieder belebt, er wurde gleichsam hervorgeliebt. Darum gingen sie auch verwandelt hinweg. Gott liebt uns nicht, weil wir von Haus aus liebenswürdig *wären*. Sondern wir *werden* liebenswürdig, weil er uns liebt.

Ich habe einmal, weil ich diesen Gedanken ausprobieren wollte, einem charakterlich recht zweifelhaften Manne eine Kasse anvertraut. Ich habe ihm also Vertrauen geschenkt, obwohl er es tatsächlich nicht zu verdienen schien. Und das Merkwürdige geschah: gerade dadurch wurde er vertrauenswürdig und bewährte sich. Das, was Jesus als Vergebender und Liebender tut, hat so eine schöpferische und verwandelnde Kraft.

Nur dadurch kriegen wir Frieden mit Gott: Wir sehen, daß er etwas ganz Bestimmtes in uns sieht. Es ist genau das, was der Vater des Gleichnisses gesehen hat, als sein verlorener Sohn aus der Fremde heimkehrte und vor ihn hintrat. Er sah nicht die Züge des Lasters in seinem Gesicht und sah nicht die Lumpen der Verkommenheit. Oder vielmehr: er sah das alles wohl, aber er sah vor allem hinter den Runen der Schuld und unter jenen Lumpen seinen Sohn, den er liebte.

Und nun ist es sehr merkwürdig: Wenn wir uns so von Gott angeblickt wissen, geht das alles in unsern eigenen Blick über, und wir sehen dann auch unsererseits den Nächsten und den Feind anders als bisher. Auch der Chef, der uns durch seine Launen, auch der Hausgenosse, der uns durch seine Manieren auf die Nerven geht, sind in einer andern Dimension etwas ganz anderes als das, was wir sehen. Auch diese alle sind geliebt und teuer erkauft. Es ist erstaunlich zu sehen, wie sich unser Verhältnis zu unserer Umwelt verwandelt, wenn wir das ernst nehmen. Es kommt dann ein neuer, belebender Hauch in unsere mitmenschliche Beziehung: Wir stehen in dem schöpferischen Gefälle jener Liebe, mit der wir geliebt sind und die nun von uns weiterfließt zu den andern Menschen hin.

Dann ist die Eigengesetzlichkeit von Stoß und Gegenstoß, von Aktion zu Reaktion an *einer* Stelle unterbrochen. Es ist sozusagen ein kleines Loch geschlagen, durch das etwas ganz Neues in unsere Welt strömt. Das Vaterunser zeigt uns jenes verwandelnde Gefälle, wenn es uns bitten lehrt: Vergib uns unsere Schuld, wie auch wir vergeben unseren Schuldigern.

Wie können wir beten?

Mit dem Beten ist es genau wie mit dem Glauben: Ich brauche kein anderer zu sein, als ich bin; sondern ich brauche nur ganz der zu sein, der ich nun einmal bin. Aber so, wie ich bin – als der Traurige, in Not Befindliche, als der Lachende und zur Selbstsicherheit Neigende –, soll ich nun auch wirklich vor *Gott* treten und mich ihm in die Hand geben. Beten kann deshalb niemals aufgefaßt werden als eine zusätzliche Versicherung zu unserer Sorge, wobei die *Sorge* die Aufgabe hätte, auf greifbare Abhilfe zu sinnen, und das *Gebet* dann der Versuch wäre, sich auf den Eventualfall, daß es mit Gott doch etwas Ernsthaftes auf sich hätte, noch zusätzlich den Rücken zu decken. Das wäre wieder ein arges Mißverständnis: In der Not beten heißt gerade nicht, wie ein Kind im Dunkeln pfeifen und dabei doch ängstlich in das Dunkel zu starren, welche Bedrohung sich wohl aus ihm gebären möchte. Es ist nicht nur eine psychologische Erfahrung, sondern vor allem ein mit dem Wesen des *Gebetes* zusammenhängender Gedanke, wenn wir sagen: Dieser Blick ins Dunkel lähmt die Flügel des Gebetes, genau wie der Blick auf die Wogen den Petrus lähmte, obwohl er doch – ein Gleichnis für den Beter überhaupt – in die Hand seines Herrn eilen wollte (Matthäus-Evangelium 14, 22-32).

Das Vaterunser als Modell allen Betens

Wie es in dieser Hinsicht mit dem Beten steht (damit nämlich, daß es die Not zwar Not sein läßt, daß es Hunger und

Angst zwar beim Namen nennt, aber dies alles dann doch in die Hand Gottes zurücklegt), das wird deutlich im Vaterunser. Dreierlei nämlich lenkt im Vaterunser den Blick von mir selbst hinweg:

Erstens soll ich im Beten keine Kunst vollbringen wollen im Sinne einer Leistung, kraft deren ich mich selbst in den Mittelpunkt stelle, ich soll zum Beispiel nicht »plappern«, sondern »sprechen«, so wie man mit seinem Vater spricht. Wenn man aber mit seinem Vater spricht, schaut man nicht in einen Spiegel, sondern richtet seinen Blick auf *ihn* (Matthäus-Evangelium 6, 7).

Zweitens: Ich weiß mich im Beten nicht als einzelner allein auf der Welt, sondern ich weiß mich der Gemeinschaft *aller* Gläubigen und Betenden einbeschlossen. Deshalb sage ich auch »*unser* Vater«. Mit diesem »unser« ist der zweifache Raum angedeutet, in dem jedes Gebet stattfindet:

Einmal besteht dieser Raum – bildlich gesprochen – in dem »Kämmerlein«. In diesem Bild ist die *eine* der beiden Dimensionen angedeutet, die mein Leben mit Gott bestimmen: Vor Gott bin ich gewissermaßen immer der »einzelne« und insofern unvertretbar. In den entscheidenden Dingen unseres Lebens – gerade in bezug auf die »Nöte« – stehe ich ja tatsächlich allein: Jeder leidet seine Krankheit, jeder seine ganz besondere Sorge, jeder seinen Tod, und jeder trägt seine Schuld ganz allein. Es ist unmöglich, daß Adam sich mit Eva oder Eva sich mit der Schlange in die Sünde teilen kann oder daß gar der eine sie auf den anderen abzuschieben vermöchte. Oder vielmehr: Nur *einer* trägt dies alles mit uns und für uns; und dieser Eine ist kein Mensch wie wir. Deshalb ist dieser Eine auch der einzige, der die Einsamkeit unseres Betens teilt und der mit in jenem »Kämmerlein« ist. Das Gebet »im Namen Jesu« (vgl. Johannes-Evangelium

14, 13.14; 15, 16.23.24.26 u.ä.) meint nichts anderes. Wir können den Sinn jenes Gebetes auch so ausdrücken: In jenem »Kämmerlein« ist das Wort Gottes bei mir, das richterliche, väterliche, sich herablassende und meinetwegen gekreuzigte Wort. Ich bin allein mit diesem Wort; *es ist der Grund, auf dem ich stehe, und der Name, in dem ich komme, wenn ich meine Stimme erhebe.*

Andererseits gilt aber noch ein *Zweites:* Das »Kämmerlein« ist nur eine Nische im Dom der *ganzen* Kirche, in jener Kirche, die überall da ist, wo zwei oder drei versammelt sind »in seinem Namen«, und die zugleich die Kirche aller Gläubigen ist – von den Patriarchen und Aposteln und Propheten her bis zum Chor der Vollendeten und zum kommenden Reiche jenseits unserer Todesgrenze. Was diese alle miteinander verbindet, über jedes einzelne Gebetsanliegen hinweg, ist das *Lob* Gottes. Darum ist das Lob Gottes recht eigentlich *die* Funktion des Gebetes, welche die Kirche zusammenhält, weil wir in *ihm* einig sind mit den Patriarchen und den Menschen des Jüngsten Tages und »allen Engeln und Erzengeln«, so verschieden wir in den Anliegen unseres Bittens auch sein mögen. Das Lob sprengt das »Kämmerlein«; im Lobe stehe ich in dem Chor der betenden Kirche, im Chor der heiligen, allgemeinen, christlichen Kirche.

Deshalb beginne ich damit, daß ich sage: »*Unser* Vater«. Mit diesem »unser« schlage ich den Ton des Lobes an.

Sich fallen lassen in eine Hand

Drittens: Damit ist schon das letzte Kennzeichen angedeutet, das den Aufbau des Vaterunsers bestimmt: Seine Bitten sind eingelassen mitten in dieses Lob. Durch das Lob Gottes muß ich hindurch, wenn ich ein Bittender werden will, der wirklich auf *Gott* zu spricht und der also nicht die Richtung verfehlt: Ich muß seinen *Namen*, die Herabkunft seines *Reiches* und die Heiligkeit seines *Willens* loben, ehe mein Blick auf mich selbst zurückgleiten und ich »bitten« darf. Denn jene ersten Sätze des Vaterunsers werden zwar »Bitten« genannt, aber sie sind vielmehr Lob, weil ich Gott bitte, daß seine Herrlichkeit kund werde. Und ebenso klingt das Vaterunser wiederum in einem Lobe, in der Anbetung aus. Mein Blick wandert zum Abschluß von mir weg und wendet sich noch einmal zum Mittelpunkt, damit er über den erbetenen Gaben nicht den Geber vergesse und sich erinnere, daß die *Hand* Gottes das Thema aller Gebete ist und nicht die *Pfennige* in dieser Hand. Genau wie bei den einzelnen Geboten immer das *erste* Gebot durchscheinen will, so möchten die einzelnen Bitten des Vaterunsers ebenfalls transparent sein für die Herrlichkeit Gottes, die zum Eingang und zum Ausgang des Gebetes gepriesen wird. Und wie bei der Erfüllung der einzelnen Gebote im Grunde nichts anderes geschehen soll, als daß wir »Gott fürchten und lieben«, genau so muß Gott durch alle einzelnen Bitten des Herrengebetes hindurch »gelobt« werden. Das Ziel allen Betens ist immer Gott selber; und wenn es eine Kritik und vor allem eine Selbstkritik des Beters gibt, so hat sie hier ihr Maß: *Es gibt nicht nur ein »erstes Gebot«, sondern auch ein »erstes Gebet«.*

Aus diesem Gedanken, daß das Lob Gottes letztes Thema allen Betens ist, wird deutlich, daß es unserem Gebet auch in seiner Eigenschaft als *Bitte* immer um die Einigung unseres Willens mit dem Willen Gottes gehen muß. Es wäre vermessen, Gottes Willen herabzwingen zu wollen, statt unseren Willen mit dem seinigen zu vereinen. Das würde nur bedeuten, daß wir seiner gnädigen Herablassung bis in die Krippe hinein und bis ans Kreuz mißtrauten. Nein, der Vater ist schon immer als Herr und Bruder neben uns – mitten in den Abgründen, aus denen wir rufen: Und hier unten, wo er schon *ist*, sollen wir uns seinem Willen einigen, das heißt: sollen wir vertrauen, daß sein Wille weit über das Bitten und Verstehen *unseres* Willens hinausgeht oder, besser und genauer: daß er tief herabgeneigt und uns nahe ist.

Nichts anderes will die Bitte verkünden: »Dein Wille geschehe.« Gewiß liegt in dieser Bitte sozusagen die Begrenzung unseres Gebetes, aber nur in einem ganz bestimmten Sinne: Diese Begrenzung ergibt sich nicht aus einer Vermutung über die äußeren Möglichkeiten der Erfüllbarkeit, sondern sie ergibt sich von *innen* heraus, sie ergibt sich vom Glauben selbst her. Das heißt genauer: Wir legen unseren Willen vertrauensvoll in die Hand Gottes und überlassen es dieser Hand, unserem bittenden Willen Räume aufzuschließen oder ihm Grenzen zu ziehen. Der Ton liegt dabei auf »vertrauensvoll«; denn wir loben ja den Willen Gottes, was immer er auch mit *unserem* Willen anfangen möge. Und wer könnte ihn besser loben als so, daß er seiner Güte vertraute!

Nachdem wir uns so als Bittende alles vom Herzen heruntergeredet haben, was wir *auf* diesem Herzen hatten, nachdem wir wie »die lieben Kinder mit dem lieben Vater« gesprochen haben, machen wir sozusagen einen dicken Strich und schreiben darunter: So, nun haben wir alles gesagt, was *wir* meinen. Mache du nun damit, was *du* meinst; denn du meinst es gut mit uns, und wir sind bei dir geborgen. Das und nichts anderes heißt: »Dein Wille geschehe.«

Was heißt: Gott ernst nehmen?

Unter uns Menschen gibt es vielerlei Temperamente und Charaktere. Tausendfältig ist die Abstufung des Glaubens oder Zweifelns, in der wir Gott gegenüberstehen. Von einer dieser Arten, einer weitverbreiteten, und ihrem Vertreter sei heute die Rede.

»Wo ist der Beweis?«

Der Mann, der so fragt, ist der typische Beobachter, der alles von außen sieht. Er beobachtet und analysiert den Weltablauf und stellt fest: Gott ist hart und ungerecht; er ist nur die Personifizierung des unberechenbaren Geschicks. Er will ernten, wo er nicht gesät hat; er will zum Beispiel *Glauben* ernten. Aber was gibt er mir denn, damit so etwas wie Glauben überhaupt in mir wachsen kann? Wenn ich das Leben so ansehe, denkt er, fällt es mir schwer, zu glauben, daß über uns höhere Gedanken gedacht werden und daß es einen Gott der Liebe geben soll. Wenn vier kleine Kinder ihre Mutter durch einen angetrunkenen Fahrer verlieren: Wo ist da eine sinnvolle Steuerung, wo klingt da das Thema der Liebe auch nur im leisesten Piano an? Und wie ist es mit der *großen* Geschichte? Regiert da nicht das brutale Interesse oder auch die Eigengesetzlichkeit von Vorgängen, wie etwa der technischen Entwicklung? Oder ist etwa der Zustand der *Kirche* mit ihren menschlichen Fragwürdigkeiten und ihren ohn-

mächtigen Redensarten ein glaubensstärkender Anblick? Wie kann Gott Glauben ernten wollen, wenn er so erbärmlich wenig Grund zum Glauben sät?
»Ja, woher nehmen und nicht stehlen?« sagt die heilige Johanna der Schlachthöfe in Bert Brechts Drama. »Meine Herren«, sagt sie, »es gibt auch eine moralische Kaufkraft. Heben Sie die moralische Kaufkraft, dann haben Sie auch die Moral!«
So denkt auch dieser Christ und winkt resigniert ab: Der Herr sollte erst die religiöse Kaufkraft heben, er sollte uns Beweise des Geistes und der Kraft in die Hand geben, dann hätte er auch die Religion, dann hätte er auch unseren Glauben!

Beim Wort nehmen

Wenn eines feststeht, ist es dieses: Es ist unmöglich, durch Beobachtung des Lebens, durch Analysen der Geschichte und ähnliches Gott »erkennen« zu wollen, um ihn dann für den Fall, daß wir ihn auf diese Weise finden sollten, auch »anzuerkennen«, dann für ihn aktiv zu werden und ihn zum Maßstab unseres Lebens zu machen. Vielmehr ist es genau umgekehrt: Nur wer ihn ernst nimmt, der erkennt ihn überhaupt. Niemand sonst.
Aber wie soll man ihn denn ernst nehmen, wenn man nichts von ihm weiß? Nun, ich möchte sagen: Man soll mit Gott genau so verfahren, wie der Herr mit seinem Knechte in dem Gleichnis von den anvertrauten Pfunden (Lk 19, 11-27) verfährt. Der Herr sagt zu ihm: Aus deinem Munde richte ich dich. Er sagt also: Ich begegne dir und diskutiere mit dir auf deiner eigenen Ebene. Ganz entsprechend sollten wir zu

Gott sagen: Aus deinem Mund will ich dich richten. Deine eigenen Worte sollen es sein, die mich entweder überwältigen oder mit denen ich dich schlage und ad absurdum führe. Diese deine Worte sagen mir: Alle eure Sorgen werfet auf mich, denn ich sorge für euch. Gut, so will ich das denn einmal tun und ausprobieren. Ich habe nämlich Sorgen; ich habe Angst vor morgen und vor der nächsten Woche. Aber nun will ich einmal nicht mein Tages- und Wochenhoroskop lesen, sondern will diese meine Angst vor dir ausbreiten. Ich will dich einmal ausprobieren, Gott. Du sollst mir ein Experiment wert sein. Ich will sehen, ob du mich wirklich an deiner Hand über das Morgen und die nächste Woche hinwegbringst. Ich will einmal ausprobieren, ob du mir wirklich auf rauhen Wegen Stege baust, ob du mir in finsteren Tälern Stecken und Stab in die Hand drückst, und ob ich in den dunkelsten Augenblicken, wo ich weder Brücken noch Weg, weder Hirten noch Stecken bemerke, das Vertrauen zu deiner führenden Hand nicht verliere.

Gott ernst nehmen, das heißt: ihn derart beim Worte nehmen und ihm die Möglichkeit geben, so zu reagieren, wie er es in seinem Wort verheißen hat. Mit geschlossenen Fäusten oder mit herabhängenden Händen können wir nichts empfangen. Wir müssen schon unsere Hände versuchsweise einmal ausstrecken und »unsern Mantel weit auftun«, wie Luther sagt.

Die große Stille zerbricht

Vielleicht müssen wir bitten: Herr, Gott (falls es dich gibt), auf Grund deines Wortes (falls du es gesagt hast) bitte ich dich (falls du es hören kannst), daß du mir meine Schuld vergibst, daß du mir in meiner Angst beistehst, mich in meiner Einsamkeit tröstest, mir meinen Nächsten zeigst, mein Herz in Liebe entbrennen lässest und mich bei allem Schönen und Schweren, bei allen Höhepunkten und auch bei allem Leerlauf meines Lebens deine Hand spüren lässest, die nach mir greift und mich geleitet, die meine Lasten trägt, die mir im Kummer über die Stirne streicht und mir das Sterben leichtmacht, weil mein Kopf in ihr ruhen kann. Ich will morgen aufstehen und mit meinen Pfunden dann so für dich wuchern und meinem Nächsten so dienen, »als ob« es dich gäbe. Dann wirst du die große Stille um dich zerbrechen und wirst plötzlich bei mir sein.

So ist das also mit Gott: Wenn wir horchen, redet Gott; wenn wir gehorchen, handelt Gott. »Wer zu mir kommt, den will ich nicht hinausstoßen«, sagt Jesus Christus. Für dieses Wort ist er gestorben. So ernst hat er uns genommen. Er verdient es, daß wir ihm eine Chance geben.

Was ist Vertrauen?

Ich möchte im folgenden einige Partien aus einem Brief mitteilen, den ich während des Krieges an einen jungen Soldaten geschrieben habe. Er hatte viel Schreckliches erlebt, und die Maske des Grausigen schob sich langsam, aber sicher vor das Angesicht des Vaters, an den er bisher geglaubt hatte. Die Frage: »Wie kann Gott das zulassen?« trieb ihn um. Darüber korrespondierten wir nun miteinander. Der Abschnitt eines meiner Briefe lautet so:
Kennen Sie das Erlebnis Fausts in der Osternacht, als er den Giftbecher schon an die Lippen setzte und als er zu Tode erschrocken war vor den Zweifeln und Verzweiflungen, die seinem Herzen entstiegen? Da hörte er den Klang der Osterglocken, und dieser Klang kam auf ihn zu wie eine erlösende Botschaft, wie das Wort eines Bruders, der die Hand auf seine Schulter legt und spricht: Du sollst ja gar nicht sterben, Gott hat doch den Himmel aufgerissen.
Was Faust hier nun gleichnishaft und von ferne erlebt, das kommt dem Christen nahe als leibhaftige Stimme Gottes, die zwar nicht wunderhaft aus den Wolken fällt, sondern mitten eingebettet ist in die Worte eines Menschenbruders, der gewürdigt ist, an der Stelle Gottes mir zuzurufen: »Ich habe dich bei deinem Namen gerufen, du bist mein«, und der mir dabei entgegenkommt und meine Hand in die Hand Gottes legt. In solchen Stunden wird deutlicher noch als sonst, daß Gottes Wort nicht aus grauer Vorzeit stammt und daß es keine fromme Überlieferung ist mit dem Geruch des

Alters, sondern daß es *jetzt* gesprochen wird, und daß der Bruder es *eben* vom Himmel holt und daß der Klang noch darin zittert von der Stimme des Herrn.
Vielleicht kann man dies *jetzt* und zu *mir* gesagte Wort nur dann begreifen, wenn man über das Wunder der Weihnacht nachdenkt: So wie Gott im Geheimnis der Heiligen Nacht Mensch wurde, so läßt sich sein Wort stets aufs neue herab und wird Menschenwort, und der »Bruder in Christo« trägt es in seiner Hand und in seinem Munde, und nun nehme ich's an mich und lasse es mir gesagt sein, genauso, wie Zacharias das Jesuskind auf die Arme nahm und den himmlischen Segen leibhaftig mit seinen Händen umschloß.
»Das sollen wir uns im Tode, in den Abgründen, in den Zweifeln merken«, sagte Luther, »ich habe das Wort, daß ich leben *soll*, ob mich gleich der Tod noch so sehr bedrängen mag.« Fassen Sie das, lieber Freund, ich *habe* das Wort, ich halte es in meinen Händen, jetzt wird es mir zugesprochen! Und so brauche ich nicht mehr zu sagen: »Ich habe irgendwo mal ein Wort gehört, mir ist so, als ob es so etwas gäbe.« Nein: Ich *habe* das Wort, und jetzt trifft es mein Ohr.
Es trifft mich so persönlich, daß es »du« zu mir sagt, und es spricht nicht allgemein von der Bestimmung der Menschheit, so wie das in philosophischen Systemen geschieht. Nein, dieses Wort sagt mir: Du sollst leben, du speziell. Aber selbst *das* ist vielleicht noch zu dürftig und schwach gesagt: nicht »es« spricht zu mir, sondern der Bruder, und durch ihn Gott selbst, sagt es mir. Und nun kann ich mit Luther sagen: »Tod hin, Tod her, der Herr hat mir versprochen, daß ich leben *soll*. Das glaub' ich.«
Wenn ich dieses Wort Luthers lese, das mit dem trutzigen und wie als Punkt hinter einen Satz gehauenen »Das glaub' ich« schließt, dann klingt mir das fast wie ein Entschluß:

»Damit basta, nun hat Gott die Verantwortung für das, was er gesagt hat – auch für meinen Glauben. Denn mir selber verschwimmt alles vor meinen Augen, vor allem meine frommen Vorsätze. Das einzig Feste ist nur noch dieses Wort: Du sollst leben. Ich setze alles auf diese Karte. Gott behauptet, sie in der Hand zu haben. So hat er die Verantwortung. In seinem Namen stürze ich mich in die Nacht hinab und hoffe, daß ich in die Hände Gottes falle.«

So hört sich das Schlußwort »Das glaub' ich« an. Ich kann auch so sagen: Es sieht aus wie eine Unterschrift, bei der in trotzigem Schwung die Tinte spritzt. Aber wenn es schon eine Unterschrift ist, dann ist es nur eine *Gegenzeichnung*, eine mit ungeheurem Ruck und mit verbundenen Augen vollzogene Gegenzeichnung zu der durch Siegel und Unterschrift und Blut gegebenen Verheißung Gottes, daß ich leben soll.

Lieber Freund: Erinnern Sie sich noch, wie Sie in Ihrem ersten Brief davon schrieben, daß Sie manchmal die Augen schlössen und sich totstellten wie ein Tier? Sie bezogen das damals auf die Granaten und auf den Moment der höchsten Gefahr, und Sie sagten, daß dies dann keine Feigheit und Vogel-Strauß-Politik sei. Nun sehen Sie: Auch der *Glaube* hat solche Momente, wo er die Augen schließt und sich fallen läßt, wo er weiß: Nun geht es entweder in den Abgrund oder in die Hände Gottes, und wo er auf das bloße Wort: »Meine Hand, meine Hand!« zu springen wagt, um trotz allem zu wissen: Die Reise kann nicht in den Abgrund gehen, sondern nur in diese Hand.

Verstehen Sie mich nicht falsch, lieber K...! Es ist auf keinen Fall richtig, daß wir erblinden müßten, um glauben zu können. Wir müssen sogar umgekehrt feststellen, daß der Glaube mit der größten Hellsichtigkeit zusammengeht, die uns Menschen eröffnet ist: mit der Hellsichtigkeit und dem Realismus der biblischen Menschen. Es ist geradezu so, daß der Glaube unser Auge *bewaffnet* und daß er *an* uns und *um* uns und *über* uns Dinge zu erkennen lehrt, die den natürlichen Funktionen dieses Auges verschlossen sind. Aber wie zur Erinnerung daran, daß es nicht das Licht dieses Auges selber ist, das hier leuchtet, sondern daß es geliehenes Licht ist und ein Schein, in dem die Gedanken Gottes selber leuchten (Psalm 36, 10), wie zur Erinnerung daran – meine ich – muß unser Auge immer wieder dunkel werden und sterben und muß das »Stirb und werde« erfahren, von dem jeder Christenmensch weiß. Wir haben die Verheißung, daß wir als Christen die hellsichtigsten Menschen werden sollen und um die Geheimnisse Gottes wissen dürfen. Aber diese Hellsichtigkeit wird nur geboren aus jenen *verzichtenden* Augen. Sie wird aus *denen* geboren, die *blind* zu glauben wagen, weil sie wissen, daß über ihnen Augen wachen, die keinen Gefallen haben an dem hochmütigen Menschenblick, der Gottes Weltpolitik an seiner Kirchturmperspektive mißt und sich die Würde anmaßt, in seinem Regimente zu sitzen. Sehen Sie, lieber Freund, weil das alles so ist und weil unsere Augen im Grunde Herrscheraugen und widergöttliche Augen sind, darum muß ihr Licht ersterben, wenn sie das Licht Gottes sehen wollen. Darum müssen sie immer durch den »blinden« Glauben hindurch. Mir will es scheinen, als ob die blind Gewesenen, die von Jesus das Augenlicht empfingen, *mehr* von seiner Herrlichkeit gesehen hätten als die Falkenaugen aller guten und kritischen Beobachter zusammen. Freilich haben auch die von Gott erleuchteten Augen der Blinden nicht alle Geheimnisse des Christus erkennen können: Vielleicht sind sie schon kurze Zeit später weit aufgerissen und entsetzt gewesen, als sie das Geschehen auf Golgatha erblickten, und vielleicht hat dicht hinter ihnen das Gehirn in dumpfer Verzweiflung gefragt: »Wie kann Gott das zulassen?« Vielleicht, vielleicht! Denn auch die sehend und hellsichtig gewordenen Augen sind darum noch keine »*schauenden*« Augen geworden; nein, sie gehören denen, die im Glauben wandeln und *nicht* im Schauen. Sie gehören denen, die jenen »höheren Gedanken« trauen, die hoch über ihren Häuptern dahingehen. Sie gehören denen, die ihr Bitten und Verstehen täglich neu im Willen Gottes vergraben, auch wenn Seele und Sinne und Verstand protestieren mögen. Das allein heißt dann Vertrauen, das heißt Glauben.

Jetzt ist es spät geworden, lieber Freund, und ich trete auf die Veranda, um Luft zu schöpfen, während die lichterlose, verdunkelte Rheinebene unter mir liegt. Viele Soldaten haben mit den Ihren daheim vereinbart, daß sie abends zu den Sternen sehen, damit ihre Blicke sich in der Ferne treffen. Vielleicht schauen Sie auch in diesem Moment empor.
Aber ich sehe noch nichts. Der Himmel ist schwarz und dunkel, obwohl ich weiß, daß er wolkenlos ist. Der Schein meiner Schreibtischlampe ist noch in meinen Augen. Und wir sehen das Firmament nicht, solange die menschlichen Lichter unser Auge beherrschen. Einen Augenblick noch, und diese Lichter werden gestorben sein. Dann werden die Sterne sichtbar werden. Zuerst die hellen und nachher die fernen, deren Räume mein Verstand nicht mehr mißt. Zuletzt wird das Wunder des Firmaments über mir aufgehen, und ich ahne, daß noch viele Sterne und Räume vorhanden sind, die ich nicht mehr sehe. Aber sie stehen unter dem gleichen Himmel, und es gibt Augen, die sie gezählt haben und um alles wissen.

Wer ist mein Nächster?

Wie konnte man nur als Seelsorger nach dem Kriege in die Lager der Nazi-Verbrecher gehen, wie kann man heute Terroristen und Mörder in ihren Zellen besuchen?

Seelsorge hat offenbar etwas mit *Liebe* zu tun. Sie sucht die Verirrten, Verstrickten und Schuldiggewordenen, denn »die Gesunden bedürfen des Arztes nicht«.

Wer die Pointe der von Jesus verkündeten und gelobten Liebe nicht verstanden hat, kann sich einen Besuch (sagen wir) bei Eichmann oder auch bei Frau Meinhof nur so erklären, daß er den Besucher entweder für einen Sympathisanten hält oder – schlimmer noch – für ein kastratenhaft-indifferentes Wesen, dem sich alle Alternativen in einen breiigen Eintopf verwandeln und alle Konturen scheidungs- und entscheidungslos verwischen.

Deshalb die entscheidende Frage: Wie versteht sich jene Liebe, die das Verlorene, Verirrte und Verstrickte sucht? Ich nenne hier nur zwei ihrer Charakteristika:

Erstens. Wir Menschen leben im allgemeinen nach dem Gesetz des Echoprinzips »wie du mir, so ich dir«. Wer unsern Interessen dient, ist unser Freund, wer ihnen zuwider ist, gilt als Feind oder zumindest doch Gegner. Wir benehmen uns als »Reagierende«. So ergibt sich der Trend zur Eskalation der Gegensätze. In diesem Teufelszirkel sind wir gefangen. Er ist wirksam bei Krächen zwischen den Mietparteien, bei Spannungen zwischen ideologischen Fronten und ganzen Nationen. Er scheint zum Wesen unserer Welt zu gehören.

Jesus fällt buchstäblich »aus dem Rahmen« der Welt, weil er diesen Teufelskreis durchbricht. Er ist der Erlöser, weil er sich und die Seinen von diesem Bann löst. Er lehrt uns nicht nur die zu lieben, die uns lieben. Denn solange »reagieren« wir eben nur und kommen von dem Karussell nicht herunter. Liebend ergreift er vielmehr die *Initiative* und macht einen neuen Anfang. Der andere muß nicht erst liebenswert *sein*, damit ihm seine Liebe zuteil wird. Diese *seine* Liebe ist vielmehr »zuvorkommend«, sie ist dem andern vorweg. Aber gerade dadurch löst sie seine Starre und schließt ihn auf. Es könnte sein, daß sie ihn so allererst liebenswert *macht*. So ist diese Liebe nicht reaktiv, sondern kreativ. Sie setzt einen neuen Anfang. Sie bricht den Bann von Interessenkonflikten und Aggressionen. –

Wir können den gleichen Vorgang auch beim *Vertrauen* beobachten: Eine Gruppe meiner Studenten kümmert sich um entlassene Strafgefangene. Die Gesellschaft pflegt sie mit Mißtrauen zu empfangen, sucht sie abzustoßen und überantwortet sie so einem neuen Gefälle auf Kriminalität. Nach dem Reaktionsprinzip ist das ganz natürlich: Unser Vertrauen pflegt ja das Echo auf schon vorhandene Vertrauens-*Würdigkeit* zu sein. Gerade die kann uns der Entlassene aber *nicht* präsentieren. Folglich . . .

Vertrauen, das in die von Jesus gelehrte Liebe eingebaut ist, sieht anders aus. Es ist ebenfalls ein Initiativ-Vertrauen. Es wird gewagt und jemandem zugewendet, der noch gar nicht vertrauenswürdig zu sein scheint. Aber er kann es nun werden. Denn das Glück, Vertrauen zu empfangen, bringt verschüttete Quellen der Menschlichkeit wieder zum Sprudeln. Auch hier wird ein Teufelskreis durchbrochen. Auch hier wirkt ein schöpferisch Neues in die Welt. Gott hat uns ja ebenfalls »zuerst« geliebt (1. Johannes-Brief 4, 19), ehe wir liebenswürdig waren und noch sind. An diesem weihnachtlichen Licht beginnt die Lichterkette von etwas Neuem.

Zweitens. Wir Menschen identifizieren unsern Gegner in der Regel mit der gegnerischen Front: Er gehört etwa zu einer mir mißliebigen Partei; er ist mein Kontrahent in Tarifauseinandersetzungen; er ist »der« Araber, »der« Israeli, »der« Kommunist, »der« Kapitalist. Hier zeigt sich das im Ansatz, was bei den ideologisch Fanatisierten dann zum Extrem wird: Nur die Leute der eigenen Front sind »Menschen«, die der andern sind »Schweine«. Was uns dabei als Gosse, als barbarische Verrohung anmutet, ist doch nur der letzte Ausläufer eines Prozesses, der damit einsetzt, daß wir lebendige Menschen als bloße Funktionen irgendeiner Parole, als Repräsentanten irgendeiner Front verstehen. Damit werden sie für uns auf einen instrumentalen Rang zurückgeschraubt.

Jesus nannte das Böse zwar böse (er tat es sogar in rücksichtsloser Strenge), aber er trauerte um die, auf denen es wie ein Bann lag, und er zerriß ihre Ketten. Noch als er am Kreuze hing, betete er für die Henkersknechte und die lästernden Schandmäuler, die die Richtstätte bevölkerten. Selbst in der rohen, würfelnden Soldateska sah er nicht bloß die Repräsentanten einer »Gegen-Ideologie«, als deren Opfer er hier am Kreuzesgalgen hing. Er trauerte vielmehr um ihre verirrten Seelen, um ihre Verblendung, um die Veruntreuung dessen, zu dem sie *eigentlich* bestimmt waren. Er sah auch in ihnen noch Kinder seines Vaters im Himmel, die ahnungslos in eine Fremde stolperten und damit zugleich

der Selbstentfremdung verfielen. Darum entrang sich noch dem Sterbenden diese letzte Fürbitte für seine Peiniger.
Was von Jesus als Liebe gelehrt und gelebt wird, verhilft uns zu dieser neuen Dimension. Es läßt uns den Mitmenschen nicht nur als Funktionsträger von Interessen sehen, die *für* uns arbeiten oder *gegen* uns gerichtet sind, sondern als Kinder unseres Vaters im Himmel, die ihm wert sind und an denen auch uns liegen soll.

Das ist der neue Ton, der im Evangelium zum ersten Male zum Klingen kam. Das ist das Licht, das in der Finsternis aufging. Es gibt forthin keinen Menschen mehr, der nicht bei seinem Namen gerufen wäre – bei *seinem* Namen und nicht nur beim Namen der Sache oder der Front, die er vertritt. Der Mensch ist nun »gottunmittelbar«. Das macht seine Würde aus. Gott liebt uns nicht, weil wir so wertvoll wären, sondern wir sind wertvoll, weil Gott uns liebt.
Die Konsequenzen dessen sind ungeheuer. Wer aber sieht die Voraussetzung, aus der sie sich ergeben?

Wie stehen wir zu den Tieren?

Ein nicht geschriebenes Kapitel der Schöpfungslehre

Als ich hörte, daß ein Hund in Sputnik II sei, habe ich eine stille Zwiesprache mit meinem Dackel gehalten. Zuerst wandte ich mich an ihn als diesen einen Hund »Axel«, mit dem meine Kinder spielen und der mich nach jeder Reise mit einer überschwenglichen, vorbehaltlosen Freude empfängt – mit einer Freude, die noch ein Stück Erinnerung ans Paradies ist. Dabei dachte ich: Wie gut, daß sie dich nicht da hinaufgeschossen haben, und daß du noch bei uns bist.

Aber dann wurde er mir unter der Hand zu einem Repräsentanten seiner ganzen Gattung. Er gehört ja zu den Wesen, die mit dem Menschen einen Bund gemacht haben und seine Freunde geworden sind. Manchmal betrübt es mich etwas, daß wir Christen sowenig von der Treue zur Kreatur reden, über der Gott ja auch seine Sonne scheinen und seinen Regen regnen läßt. Er ist doch nicht nur ein Herr über die Guten und über die Bösen, sondern auch ein Herr über die, die jenseits von Gut und Böse stehen. Und wenn Liebe etwas ist, das sich schenkt und sich des Schwächeren erbarmt, dann umgreift sie wohl auch die Liebe zur hilflosen Kreatur.

Denn die Größe des Menschen, zu der er berufen ist und die ihm die Herrschaft über den Erdkreis gibt, soll sich doch nicht in brutaler *Unterdrückung* der Kreatur (man sehe sich nur die Tortur der Eierlege-Fabriken an!), sondern in einer *Überlegenheit* über sie manifestieren (1. Mose 1, 27-28;

2, 19). Diese Überlegenheit besteht darin, daß der Mensch um sich selber weiß, daß er seine Bestimmung ergreifen und auch verfehlen kann und daß er sich auf den zu beziehen vermag, der ihm das Leben gab (1. Mose 2, 16). Das eben weiß und kann die Kreatur nicht. Indem der Mensch es aber weiß und kann, indem er zu seinem Schöpfer aufzusehen vermag, wird ihm die Welt der Kreatur zu einem anvertrauten Pfund.

»Der Mensch gab einem jeglichen Vieh und Vogel unter dem Himmel und Tier auf dem Felde seinen Namen«, sagt der Schöpfungsbericht. Damit ist wohl gemeint, daß der Mensch die Tiere auch bei diesem Namen *ruft*. Es gibt so etwas wie Gemeinschaft mit ihnen. In der heilen Welt ist alles Geschaffene gemeinsam unter Gott. Der Mensch steht wissend und die Tiere stehen unwissend unter Gott. Diese dem Menschen geschenkte, ihm anvertraute Überlegenheit kann sich nicht *gegen* die wenden, die ihm nachgeordnet und unterworfen sind. Denn wenn er seine Herrschaft im Namen Gottes ausübt, kann der Mensch sie auch nur ausüben im Namen jener Liebe, die ihm selbst widerfährt, und im Namen jener Fürsorge, die Gott *allen* seinen Geschöpfen zuwendet.

Aber *ist* die Welt denn noch heil? Und wenn das nicht so sein, wenn die Welt des Menschen im Zwielicht liegen sollte, wenn der Griff nach der verbotenen Frucht, wenn Kains Brudermord und der Turmbau zu Babel ein Reif sind, der auf den Schöpfungsmorgen niedergegangen ist – was geht das die Kreatur an, die doch jenseits von Gut und Böse steht? Sind die Tiere nicht diesem Verhängnis entzogen?

Paulus hat einmal das rätselhafte Wort vom »Seufzen der Kreatur« gesprochen und hat angedeutet, daß auch sie nach der Erlösung schreit. Darüber, was das heißt, können wir

hier nicht reden. Es rührt an die letzten Geheimnisse. Ich will nur einmal sagen, wie mir persönlich dieses Wort nahe gekommen ist.
Als junger Mann habe ich einmal – noch ehe ich mich um die theologischen Hintergründe dieses Wortes bekümmert hatte – einen alten Knecht Gottes gefragt, wie er sich dieses dunkle Wort zurechtlege. Da sagte er nur: »Schauen Sie einem Hund in die Augen, dann wissen Sie es.«

Das Seufzen der Kreatur

Nun glaube ich zwar, daß das nicht genügt, um ein solches Wort zu verstehen, aber die Meditationen darüber haben seitdem bei mir nicht aufgehört. Wenn ich einen Hund ansehe und wenn er mich ansieht, dann melden sie sich immer neu. Und wenn man sich hier auch vor Sentimentalitäten hüten muß, komme ich doch nicht davon los, daß es dabei zu einer echten Zwiesprache mit der Schöpfung kommt. Und sie sieht so aus:
Du, mein kleiner Hund, bist ja nur ein sonderliches Stück der Kreatur. Denn wir beide sind nun einmal – im Unterschied zu unzähligen deiner Mitgeschöpfe – auf so merkwürdige Weise zusammengekommen und leben miteinander. Wenn dir ein Leids geschäh, wäre ich sehr traurig. Und ich bin gewiß: Auch wenn mir etwas widerfahren würde, ginge das deinem Hundeherzen nahe. Du merkst genau, wenn mich etwas bedrückt. Und wenn ich lustig bin, dann machst du die drolligsten Versuche, um mir deine Mitfreude zu beweisen. Manchmal sieht mich aus deinen Augen das Rätsel der Kreatur an – so stark, so erschütternd, daß es mir durch und durch geht. Ich stelle mir vor, daß du darunter lei-

dest, dich nicht ausdrücken und mir nicht sagen zu können, was du weißt. Du kannst zwar sehr beredt sein mit den vielen Bewegungen deines Körpers, mit deinem Wedeln und auch mit deinen kleinen Füßen. Aber sprechen kannst du eben nicht. Manchmal gibst du mir zu verstehen, daß ich dich nicht verstehe. Es ist ein sehr tiefes Wasser zwischen uns, über das wir nicht hinüberkommen. Und gerade weil du ein so sonderliches Stückchen Kreatur bist, weil dich nun dein Hundegeschick an mich Menschen gebunden hat, wird diese Grenze besonders schmerzlich. Wir sind füreinander mehr, als ich sagen und du bellen kannst. Du bist eine stumme Kreatur, und vielleicht denkst du: Mein Herrchen ist eine nasenlose Kreatur.

Manchmal kann einem ein Hund sogar eine Predigt halten. Und sie steht der Predigt, die nach den Worten Jesu auch die kleinen Kinder halten können, kaum nach. Das erlebte ich auf einem Schiff, als ich nach Amerika fuhr:

Auf der Hinfahrt war ein großer Schäferhund dabei, den sein Herr der Besatzung mitgegeben hatte, weil er selber das Flugzeug benutzen wollte. Es war ein sehr trostloser Hund. Er lebte in einer unvertrauten Welt. Da gab es nur fremde Gerüche, fremde Menschen, die einen nichts angingen. Der Boden wankte, die Bäume fehlten, und an der Reling war die Welt zu Ende. Das war wohl ein Hineingehaltensein ins Nichts, bei dem die ganze Hundeweltanschauung zerbrach und man ins Leere und Nichtige stürzte. Das Seufzen der Kreatur war einem kein Mythos mehr, wenn man diesen Hund ansah. –

Auch auf der Rückreise hatten wir einen Hund. Ein Schoßhündchen, und eigentlich nur eine »halbe Portion«. Obwohl äußerlich alles für ihn genauso schlimm war, ging doch *keine* solche Welle der Traurigkeit von ihm aus. Denn sein

Herr war bei ihm. Das kleine Wesen schaute ihn oft unverwandt an, und es war geradeso, wie wenn es sagen wollte: »Das ist hier eine verrückte Welt; ich habe aufgehört, sie zu verstehen, aber wenn du dabei bist, kann es ja nicht allzu schlimm sein. Dann wird es wohl auch mal aufhören, und dann werde ich wohl irgendwann wieder halbwegs normale Gerüche erleben und auch Bäume finden, an denen ich meine Freude haben kann.« Gerade weil es so etwas wie Freundschaft zwischen Tier und Mensch gibt, hat dieses kleine Tier eine eindrückliche Predigt über das Vertrauen gehalten. –

Leiden und Sterben für den Menschen

Es gehört wohl auch zu dieser Überlegenheit des Menschen, daß er sich schämt, wenn Tiere für ihn leiden müssen – ganz gleich, ob es ein alter Karrengaul, ein Kettenhund oder das kleine Tier im Sputnik ist. Ich rede hier nicht von dem leidvollen Kampf und der Angst in der Natur selbst. Das ist wieder ein Kapitel für sich. Sondern ich spreche nur von dem Leid, das der Mensch seinen Tieren zufügt.

Warum schämen wir uns, wenn wir Tiere töten, mit ihnen experimentieren und sie für uns leiden lassen? Wohl deshalb, weil das Tier nicht ethisch leiden kann. Wir Menschen können unserm Leiden einen Sinn geben. Und auch dann, wenn wir es nicht verstehen – ein Unterschied etwa zum Märtyrer, der gewürdigt ist, sein Leiden verstehen zu dürfen –, wird uns der Schmerz doch eine Schule, in der wir den »höheren Gedanken« Gottes vertrauen lernen. Das Tier aber leidet, ohne durch Verstehen und Vertrauen getröstet zu sein.

Gewiß dürfen wir das nicht sentimentalisieren. Sicher ist sein Schmerz von ganz anderer Art als der unsere. Denn gerade weil das Tier nicht versteht, kennt es auch keine Zukunft, sondern lebt im Augenblick. Dadurch ist ihm jene ganze Fülle des Schmerzes erspart, den wir Menschen leiden, wenn wir zukünftige Schmerzen erwarten und wenn uns unsere Endlichkeit ängstigt. Und doch – wenn sich auch der Schmerz des Tieres nur auf den unmittelbaren, gleichsam punktuellen Augenblick konzentriert (die Kuh frißt ja sofort weiter, wenn ein Donner sie augenblicklich erschreckt hat) –, so ist dieser Augenblick immerhin gefüllt mit der ganzen Schwere unverstandenen Schmerzes oder mit dem Ende kreatürlicher Lebensfreude. Und das haben wir Menschen getan.

Die Scham, die uns dabei überkommt, ist vielleicht der letzte Rest einer frommen Scheu, die davor erschrickt, daß die Schöpfung angetastet wird. Sie ist wohl auch das letzte Symptom eines Wissens, daß die Welt nicht mehr heil ist und daß ein großer Riß nicht nur durch die Menschenwelt geht, in der es Wehetun, Feindschaft, Verdrängung und Beängstigung gibt, sondern daß dieser Riß bis in die Kreaturwelt ragt.

Nur ein Mensch, der etwas davon weiß, daß wir den Sündenfall hinter uns haben und immer schon von ihm herkommen, kann wohl ermessen, warum es so ist und wie es kommt, daß wir in dieser zum Chaos drängenden Welt nicht darauf verzichten können, Gewalt zu gebrauchen, zu strafen, einzudämmen und Schmerzen zuzufügen. Schon die Existenz des Staates und damit der Auftrag geordneter Selbstbehauptung ist ein solches Notinstitut in der gefallenen Welt. Das Gute kann in dieser fragwürdigen Welt nur gepanzert leben. Und wenn man ihr die rächenden Gewalten

nähme, würde das böse Gelichter seine frechen Köpfe erheben und würde das Chaos über uns zusammenschlagen.
So leben wir in einer Welt der Konflikte. Nur ein Schwärmer kann das übersehen. Und es ist die Güte Gottes, daß er sich zu diesen Notinstitutionen bekannt hat und daß er den Regenbogen seiner Versöhnung über der so fragwürdig gewordenen Welt ausspannt, daß er sie in alledem weiterleben und den »lieben Jüngsten Tag« erreichen läßt.
Darum wäre es falsch, das schöne Wort Albert Schweitzers von der Ehrfurcht vor dem Leben sentimental und unrealistisch zu gebrauchen. Genauso wie das Zusammenleben der Menschen untereinander nicht ohne Opfer möglich ist, so ist auch das Zusammenleben mit der Kreatur nicht ohne das Opfer. Es geht wohl nicht anders, als daß Tiere sterben müssen, um Menschenleben zu erhalten. Aber ein Schauder sollte uns dabei nie verlassen, daß eben der Riß durch die Schöpfung geht und daß der eine leiden muß, wenn der andere etwas gewinnen will.
Die Pferdekadaver, mit denen die Schlachtfelder der Menschen übersät waren, bleiben eine Anklage, daß die unschuldige Kreatur in den Streit der Menschen hineingerissen wurde. Und es ist schon viel, wenn die Scham und die Trauer darüber nicht ganz verstummen, auch wenn es keinen Weg gibt, um zwischen Sündenfall und Jüngstem Gericht der Kreatur ihren Jammer zu ersparen. Es sollte wenigstens ein Quentlein jenes Wissens in uns wach bleiben, daß der Mensch als Herr der Erde nicht das *Recht* hat, so über die Kreatur zu verfügen, sondern daß es seine *Urschuld* ist, wenn er so über sie verfügt, und daß er die Quelle jener Unordnung ist, die den Kosmos überschattet.

Entartete Tierliebe

Es gibt auch eine perverse Tierliebe, mit der wir die Kreatur verunehren. Man kann ein sozusagen »sektiererischer« Tierschützer sein und eine Pseudoreligion daraus machen. Das ist immer dann der Fall, wenn wir die Tiere zu einem Ablenkungsmanöver mißbrauchen; wenn wir also eine genüßliche Tierliebe pflegen und den Menschenbruder darüber darben lassen, wenn wir billige Gefühle an die Stelle der Opferbereitschaft setzen.

Es gibt eine Tierliebe, die das Zeichen einer tiefen Degeneration ist. Diese Degeneration besteht darin, daß wir nicht mehr fähig zu einer wirklichen Liebe sind, daß wir die Menschen vielleicht sogar verachten und darum das Tier zum Götzen machen. Immer wieder, wenn ich sehe oder davon höre, wie jemand seinem Schoßhündchen auf silbernem Tablett beste Koteletts und andere Menschennahrung serviert oder ihm – wie in Amerika zuweilen – auf Hundefriedhöfen üppige Grabmäler errichtet, neige ich zu der Diagnose, daß dies ein Symptom von mitmenschlichem Kommunikationsmangel und einem Bruch mit der Umwelt sei. In der Regel ergab die genauere Nachfrage, daß es tatsächlich so war.

Die Tiere erinnern uns an die heile Welt, in der Adam den brüderlichen und schwesterlichen Kreaturen Namen gab und mit ihnen redete, an eine Welt, die Franz von Assisi noch einmal beschwor, als er den Vögeln als seinen lieben Mitkreaturen predigte.

Wie werden wir das Maskottchen los?

Vor einigen Jahren hielt ich einmal einen Vortrag über irgendein religiöses Thema und wurde im Auto nach meinem Wohnort zurückgefahren. Der Fahrer dieses Wagens wußte, daß ich jenen Vortrag gehalten hatte, und fühlte sich wohl verpflichtet, mir schon während der ersten Kilometer zu sagen: »Sie sind doch Theologe, Herr Professor, nicht wahr? Ich muß Ihnen leider verraten, daß ich für meine Person rein gar nichts glaube.«

Darauf ich: »Das brauchen Sie mir gar nicht erst zu erzählen. Das habe ich schon beim Einsteigen gemerkt.« Über diese Antwort war der biedere Chauffeur offenbar so platt, daß ich einen Augenblick für die Geradspurigkeit seiner Steuerung fürchtete, denn er wandte sich mir mit jähem Ruck zu und fragte leicht entgeistert: »Wie kommen Sie denn darauf?«

»Nun«, erwiderte ich ihm, »als ich Ihre verschiedenen Maskottchen und ›Talismänner‹ da baumeln sah, wußte ich, daß Sie nicht an Gott glauben und sich darum mit einem entsprechenden Quantum an Lebensangst herumschleppen.«

»Diesen Zusammenhang verstehe ich, offen gestanden, nicht ganz«, meinte er. Doch schien ihm das alles ziemlich interessant zu sein.

Ein System abergläubischer Sicherungen

»Ich will Ihnen gerne meine Meinung über diesen Zusammenhang sagen«, erwiderte ich ihm. »Wer nicht an Gott glaubt, der weiß nicht mehr um den väterlichen Hintergrund der Welt. Für den löst sich alles – sein persönliches Leben sowohl wie auch die ganze Weltgeschichte – in ein Getriebe blinder Kräfte und sinnloser Zufälle auf. Darum wird ihm dann auch die Welt sehr unheimlich. Sie wird geradezu feindlich. Jeder Baum an dieser Chaussee ist Ihr heimlicher Gegner, weil er Ihren Kühler eindrücken könnte. Und jeder Laster ist ein böses und unberechenbares Ungeheuer, das Ihrer Hirnschale zu nahe kommen könnte. Und sehen Sie: gegen diese unheimliche Welt, zu der Sie kein Vertrauen haben, müssen Sie sich versichern. Darum die Maskottchen.«

Mein Fahrer war ein ernster und nachdenklicher Mann. Was mich besonders an ihm anzog, war, daß er zunächst schwieg. Offenbar kämpften in ihm widerstrebende Gedanken. Er verriet mir dann, daß er sich tatsächlich ein ganzes System abergläubischer Sicherungen ausgedacht und wie einen strategischen Gürtel um sein Leben herumgelegt hatte, und bekannte mit wohltuender Offenheit, daß in alledem wirklich so etwas wie eine Verteidigungsstellung gegen die Härte und Unberechenbarkeit des Lebens zum Ausdruck käme. »Da ist der Konkurrenzkampf«, sagte er, »da sind die unkontrollierten Einflüsse auf die heranwachsenden Kinder. Da ist die Gesundheit, die bedroht ist. Da sind die vielen anderen Dinge, die einen unruhig machen.«

Im Hintergrund dunkle Gewalten

Das alles kam übrigens nicht auf einmal, sondern im Laufe einer ganzen Stunde allmählich und stückweise heraus. Indem er das so nacheinander sagte, kam er mir vor wie der

Mensch schlechthin, so wie er in der antiken Laokoon-Plastik zum Ausdruck kommt: als ein Mensch, an dem sich Schlangen emporringeln und der sich ihrer zu erwehren sucht, oder wie er im germanischen Mythos von der Midgardsage erscheint, der die Welt von einer Schlange umschlossen sieht. (Wir sprachen schon davon.)
Es ist die Welt, in der es Frühlinge und Winter gibt, in der Feste gefeiert und Schmerzen erlitten werden, in der sich Geburt und Tod vollziehen. Aber am Horizont ist die Macht des Unheimlichen, im letzten Hintergrunde lauern die dunklen, zerstörerischen Gewalten. »Raube das Licht aus dem Rachen der Schlange«, sagte Carossa, wenn er uns Leben und Lebensbejahung empfiehlt. Lasset das Lämpchen glühen, ehe die Finsternisse vom Rande der Welt her auf uns zukriechen!

Haben Christen denn keine Angst?

»Sie meinen also wirklich«, fragte der Mann nach einer Weile des Schweigens, »daß der Christ die Welt anders erlebt, daß er also ohne Angst ist? Haben Sie denn zum Beispiel keine Angst?«
Das war nun wirklich eine Gewissensfrage, und ich durfte mich nicht besser stellen, als ich war.
»Natürlich weiß ich genauso von der Angst wie Sie.«
»Na« – meinte er – »das beruhigt mich offen gestanden, daß Sie auch nicht besser sind.« Er atmete förmlich auf.
»Aber im allgemeinen«, fuhr er fort, »da tun die Christen immer, als ob sie etwas Besonderes wären. Diese Heuchelei war mir schon immer widerwärtig.«
Nun wurde sein Mund für eine ganze Weile ziemlich beredt.

Er quoll über von drastischen und unfreundlichen Beispielen, die er erlebt hatte.

»Moment mal«, warf ich ihm nun ein: »Sie haben mich, glaube ich, doch etwas falsch verstanden. Wir Christen sind schon ein bißchen anders – oder sollten es jedenfalls sein!«

»Aha, also doch!« triumphierte er nun, suchte aber sofort taktvoll einzulenken: »Na gut: Sonst hätte der ganze Klimbim ja auch keinen Zweck, wenn nicht doch was Besseres dabei rauskäme.«

Aber so billig durfte ich ihn nun doch nicht triumphieren lassen. »Sehen Sie«, sagte ich, »Sie haben doch gewiß auch einmal früher das Wort Jesu gelernt: In der Welt habt ihr Angst; aber seid getrost, ich habe die Welt überwunden.«

»Gelernt habe ich das schon, aber ich habe es, offen gestanden nie begriffen.«

Ich habe meinem Fahrer dann dieses Wort ein wenig erklärt. Das vollzog sich in allerlei Wechselreden über viele Kilometer hin. Ich fasse das alles, was ich ihm so sagte, hier nur in einigen Sätzen zusammen:

Natürlich hat der Christ in der Welt Angst, genauso wie alle andern Leute auch. Nur begegnet er dieser Angst wohl anders als jene andern Leute. Er braucht sie weder zu verdrängen noch abergläubisch zu beschwören. Denn er hat den bei sich, der diese angsterregende Welt mit der Schlange am Horizont überwunden hat.

Was bedeutet es denn, daß die Welt durch diesen Einen überwunden sei? Es heißt zunächst, daß er bei uns ist. Ich wüßte keine bessere Zusammenfassung des Evangeliums als diese Tatsache, daß er *bei* uns ist: Sein ganzes Leben hindurch war er bei Kranken, Einsamen und Schuldigen zu finden. Und schließlich ist er auch an unserem menschlichen Tode zugrunde gegangen – nicht triumphierend übrigens, als ob ihm das nichts ausgemacht hätte, sondern so, daß er verzweifelt nach seinem Vater rief, weil ihm sein Antlitz entschwunden war.

Bei uns im Kessel des Todes

Wenn wir Christen sagen, daß dieser Eine die Schuld und den Tod überwunden habe, dann machen wir uns dieses Bekenntnis oft viel zu leicht. Wir sagen und denken uns oft: Nun, er war eben allmächtig, er hat den Todesengel einfach abkommandiert, er hat ihn nicht an sich rangelassen. Doch, er hat den Schmerz des Flüchtlingslebens, der Einsamkeit und des Sterbens geschmeckt, und er hat genau in demselben Grabe gelegen, in dem wir alle einmal liegen werden. Er ist auch gefangen gewesen, er ist auch in die Hände der Menschen gefallen. Er ist auch gemein behandelt worden. Er hat das alles sehr wohl »an sich ran« gelassen. Sonst wäre er nie unser Kamerad und Bruder.

Ich will ein Bild gebrauchen: Wir sind von den feindlichen Mächten umzingelt. Wir sind sozusagen wie Soldaten im Kriege im Kessel des Todes. Da hat er nun wiederum nicht kraft irgendeiner Allmacht die umschließenden Mächte abkommandiert, sondern er ist bei uns im Kessel gelandet. Er hat die Angst und die Not der Eingeschlossenen auf sich genommen – er hat nun den Kessel von innen her gesprengt. Verstehen Sie: von innen. Er hat genauso in der Versuchung zur Sünde gestanden wie wir; der Teufel hat auch ihn angeblinzelt und zu hypnotisieren versucht. Aber er ist mit ihm fertig geworden. Er ist durch den dunklen Gang des Sterbens gegangen, aber er hat die letzte Wand durchstoßen, er hat den Grabesdeckel hinweggesprengt. So nimmt er den, der an seiner Hand geht, auch mit hindurch, auch durch die Einsamkeit des letzten Stündleins. Er erspart uns den Tod nicht. Aber er geht mit. Er erspart uns auch die Welt mit ihren unheimlichen Geschicken nicht. Aber er ist bei uns im Kessel.

Wir wandern durch dies merkwürdige und unberechenbare Leben wie durch ein finsteres Tal. Wir haben nicht die Verheißung, daß wir darum herumgeführt werden. Aber wir haben jemanden bei uns. Wir sind nicht verlassen.

Wir sind wie Kinder in einem nächtlichen Wald: Das Mondlicht läßt bizarre Schatten entstehen. Unheimliche Geräusche berühren unser Ohr. Aber wir gehen an einer Hand. Darum ist ein geheimer Bannkreis um uns geschlagen, und das Unheimliche darf nicht mehr nach uns greifen. Auch der Gedanke darf uns nicht mehr bedrängen, wir seien dieses Herrn nicht wert.

Ist die Weltgeschichte das Weltgericht?

Das Sinnlose in der Geschichte

Wie oft sind wir von dem Gedanken gequält, daß es in der Geschichte so ungerecht zugeht. Wie oft siegen die stärkeren Kanonen und nicht das Recht! Wie soll man es erklären, daß ideologische Tyranneien sich offenbar halten können und keineswegs von höherer Hand in den Abgrund gestoßen werden? Wie kann Gott das zulassen? Immer wieder drängt sich diese Frage beklemmend auf. Ist die Weltgeschichte denn wirklich, wie Schiller sagte, das Weltgericht? Oder ist unsere Geschichtsschreibung nicht nur, wie es Theodor Lessing einmal formulierte, »die Sinngebung des Sinnlosen«? Wenn es aber keine göttlichen Gerichte und keine sinnvolle Steuerung in der Geschichte gibt, kann es denn dann – – – Gott *selbst* überhaupt geben?

Nun stimmt es wirklich – und auch die Erfahrung der biblischen Menschen bestätigt es –, daß man die Gerichte Gottes nicht einfach objektiv feststellen kann. Machen wir uns das an einem Beispiel klar:

Das Lied singt von den in Rußland zertrümmerten Armeen Napoleons: »Mit Mann und Roß und Wagen hat sie der Herr geschlagen.« Handelt es sich hier nun wirklich um ein eindeutiges Gottesgericht über Napoleon? Vielleicht könnte nicht mit Unrecht ein Franzose einwenden, daß gerade umgekehrt Europa und nicht Napoleon die von Gott geschlagene Macht sei, so gewiß eben Europa auf diese Weise des napoleonischen Ordnungsprinzips und seiner Segnungen verlustig gegangen sei. Und ist Napoleon bei diesem Gericht nicht bloßer Vollstrecker? Nicht nur das Charakterbild großer Gestalten schwankt in der Weltgeschichte; auch die Rolle, die ihnen vom göttlichen Weltregiment zugewiesen wird, ist offenbar von schillernder Art.

Auch gegenüber besonderen Ereignissen, Nöten und Katastrophen unseres *persönlichen* Lebens stößt die Diagnose »Gericht Gottes« immer wieder vor eine letzte Grenze, angesichts deren sie fragwürdig wird: Muß das Leiden, dem ich etwa unterworfen bin, wenn ich einen unheilbaren Krebs habe, unbedingt aus vorangegangener Schuld abgeleitet und damit als Gericht Gottes verstanden werden? Kann es statt dessen nicht auch von seinem *Ziel* her erklärbar sein, nämlich von einer *erziehenden* Absicht Gottes her, und würden diese beiden Deutungen des Leidens sich nicht gegenseitig aufheben? In der Geschichte vom Blindgeborenen (Johannes-Evangelium, Kapitel 9, besonders Vers 1-3) stoßen diese beiden Deutungen des Leidens im Gespräch Jesu mit den Jüngern dramatisch aufeinander: Die Jünger gehen von der für sie selbstverständlichen Voraussetzung aus, daß dem Schicksal der angeborenen Blindheit eine Schuld zugrunde liegen müsse, daß entweder der davon Betroffene oder aber seine Eltern gesündigt haben müßten. Demgegenüber lehnt Jesus diese Erklärung der Jünger ab und wendet sie anscheinend ins Gegenteil um. Er sagt nämlich, die Blindheit dieses armen Menschen habe den Sinn, »daß die Werke Gottes offenbar würden an ihm«. Demgemäß dürften wir also bei den Nöten und Katastrophen unseres Lebens nicht einfach fragen: *Warum* geschieht mir das, sondern *wozu*, in welcher *Absicht*, wird mir dieses Schwere geschickt?

Das schweigende Gericht

Jedenfalls ist es nicht einfach, eine eindeutige Verbindung von Not und Schuld festzustellen.

Daß wir so keine Beziehung von Schuld und Strafe feststellen können, jedenfalls in vielen Fällen nicht, daß wir vielmehr immer wieder zu der Frage genötigt sind, warum schweigt Gott? warum verhält er sich passiv, wo er doch nach unseren Erwartungen im Wetter der Gerichte herniederfahren und klare Exempel statuieren müßte? –: dies alles pflegt ja die größten Anfechtungen gerade für fromme Menschen mit sich zu bringen.

Es ist nun aber keineswegs so, daß etwa *nichts* geschähe, wenn Gott zu schweigen und passiv zu sein scheint. In seinem Schweigen und Passivsein kann sich gerade das Gericht vollziehen, ja, es vermag sogar darin zu bestehen. In der Sprache des Glaubens bedeutet dies beides nämlich, daß Gott seinen Arm abzieht und die Menschen sich selbst überläßt, daß er sie an die Konsequenzen ihres Tuns hingibt und sie damit dem Selbstgericht ausliefert. Gerade die Augenblicke, in denen der Gottlose sich durch das Schweigen Gottes in Sicherheit fühlt und der göttlichen Gerichte spottet, weil er den schauerlichen Akt des göttlichen Gewährenlassens mit der Nichtexistenz Gottes verwechselt, gerade in diesen Augenblicken kann der Glaubende die Gerichte Gottes mit beklemmendem Alpdruck über der Welt lasten sehen. Dieses Empfinden kann ihn so stark beherrschen, daß er den Losbruch offener Zornesgewitter geradezu als Erlösung von der Unheimlichkeit des schweigenden Gerichtes erleben kann. Dieu se retire – Gott zieht sich zurück (vgl. Hosea 5, 15 bis 6, 3).

Wir sehen also: Auch das scheinbare Schweigen Gottes über

der Welt, der scheinbare Nichtvollzug des Gerichtes darf nicht so erklärt werden, daß uns Menschen die Antenne für diese Zusammenhänge fehlte oder daß der Eindruck des Schweigens Gottes nur ein falscher akustischer Eindruck wäre, den unsere ertaubten Ohren und verstockten Herzen hervorbrächten, daß also – mit anderen Worten – das Schweigen des Richters nur mit der Unempfänglichkeit unserer Herzen zusammenhinge.

Nein: Das Schweigen des Richters ist eine objektive Erscheinung. Es gehört zum wirklichen »Stil« der göttlichen Gerichte. Auch die Engel, die um Gottes Thron stehen, könnten das Schweigen Gottes als wirklich bezeugen. Sowenig beruht es nur auf den Verstockungseinbildungen des Menschen. *Gott kann wirklich schweigen.* Er richtet keineswegs nur – oder besser: Er richtet sogar kaum – dadurch, daß er den Frevler durch seinen Blitzstrahl oder sonstige Katastrophen richtet, sondern er richtet im schweigenden Gewährenlassen. So hat er die Leute um den babylonischen Turm an ihrer eigenen Gottlosigkeit zugrunde gehen lassen. Indem er gleichsam nichts tat, ließ er sie in ihrer Gottlosigkeit der Zerstreuung anheimfallen. Darum war sein Schweigen höchste Aktivität. Das, was er da geschehen ließ, kam einem Herniederfahren und Verwirren gleich. Gott war in ihrer Selbstverwirrung mächtig, indem er – »zusah«. So hat er auch die Glaubenslosen, die Sich-Entziehenden, an ihre eigene Unseligkeit »dahingegeben« (Römer-Brief 1, 18ff.).

Dieses Dahingeben und Überlassen (parédoken) ist die Weise des schweigenden Gerichtes, obwohl man im ersten Augenblick meinen könnte, daß hier nur das allgemeine Schuld-Sühne-Gesetz offensichtlich werde und vor aller Augen liege.

Wir beginnen also zu verstehen, wie es kommt, daß ein Zusammenhang von Schuld und Sühne in der Geschichte immer wieder so schwer feststellbar ist: Man muß nämlich den *Richter* kennen, um seine Gerichte zu verstehen. Solange wir nicht dem personhaften Du dieses Richters, der in Jesus als unser Vater erscheint, gegenüberstehen, sind wir der Frage nach der Funktionsweise der Weltordnung hoffnungslos ausgeliefert. Diese Auslieferung ist tatsächlich im strengen Sinne »hoffnungslos«; nicht nur, weil in ihr die quälende Warum-Frage nicht zur Ruhe kommt, sondern auch deshalb, weil diese Warum-Frage nicht zur *Lösung* kommt, weil sie »unerlöst« bleibt.

Die großen und repräsentativen Formen dieser Unerlöstheit prägen sich vor allem nach zwei Richtungen aus: Entweder endet die Warum-Frage im Ausweglosen: in den trostlosen Feststellungen des Unergründbaren. Der nächste Schritt über diese Feststellung des Unergründbaren hinaus führt in die nihilistische Einsicht, daß das scheinbar Ungründbare gar keinen Grund habe, daß also die Welt regielos, daß sie vaterlos sei. – Oder aber die Warum-Frage endet in der statistischen Perspektive der großen Zahl: in der Feststellung der eiskalten Gesetzlichkeit und im Schweigen der Natur. Eine Kombination der ersten und der zweiten Antwort liegt in dem Versuch vor, die endliche Welt »tragisch« zu verstehen, das heißt eine Ordnung festzustellen, die für Götter und Menschen unerfragbares Schicksal ist und von der man nicht weiß, von *wem* sie geordnet und auf was *hin* sie geordnet ist. *Diese Situation, die das Gericht nicht mehr versteht, weil sie den Richter verloren hat, ist selber Gericht.*

Die Erlösung von der Warum-Frage

Die Erlösung, welche die biblische Botschaft in diese Ausweglosigkeit des Sinnproblems, in dieses schmerzhafte Geheimnis der Geschichte mit ihren verborgenen Gerichten hineinruft, besteht nun nicht in einer Lösung der Warum-Frage, sondern in ihrer Wandlung in die Wozu-Frage.
Ich erinnere noch einmal an die Geschichte vom Blindgeborenen: Die Jünger fragen: »Warum ist der Mann blind geboren, wer hat gesündigt?« Jesus dagegen fragt: »Wozu« ist dieses Leid gesetzt?, um dann zu antworten: »damit die Herrlichkeit Gottes an ihm offenbar würde.« Die Warum-Frage ist rückwärts in die Vergangenheit gerichtet und will die Ursache ergründen. Sie will zu der Antwort durchfinden: »deshalb, weil... tat Gott dies und das.« Diese Antwort aber erfolgt nicht. Sie ist in einem höheren Rate verborgen. – Die Wozu-Frage dagegen verzichtet auf jene Antwort; sie ist getröstet in der Gewißheit, daß wir uns überraschen lassen dürfen, weil wir behütet sind und weil nicht das Satanische oder das Sinnlose am Horizonte lauert, sondern weil die Welt einen väterlichen Grund besitzt. Darum sagt der Christ angesichts der Rätsel der Geschichte nicht: »deshalb, weil...«; sondern er sagt: »*Dennoch* bleibe ich stets an dir.« Denn er sieht das Gericht vom Richter her. Der Richter aber ist niemand anders als der Vater, den anzurufen uns erlaubt ist und dessen Kinder zu sein Jesus Christus uns versichert hat.

Das Angesicht dieses Richters wird im *Jüngsten* Gericht erscheinen. Joseph Wittig hat einmal gesagt: eigentlich dürfe eine Biographie nicht bei der Geburt, sondern sie müsse beim Tode beginnen; sie lasse sich nur vom Ende her, nur

rückwärts, schreiben, weil nur von dorther das Ganze eines Lebens in seiner Erfüllung sichtbar werde. Das Gleiche gilt auch von der Geschichte:
Erst wenn die letzte Stunde der Welt hereingebrochen ist, jene Stunde des zweiten Advents, wo der Glaube schauen darf, was er geglaubt hat, und wo der Unglaube schauen *muß*, was er *nicht* geglaubt hat – erst diese letzte Stunde der Welt wird das Sinngeheimnis der Geschichte, wird also die Biographie der Welt offenkundig machen.

Tod und Leben

Auf einem der ersten Blätter des Högfeld-Buches* findet sich ein packendes Bild: Bei Mandolinenklang und Lampionbeleuchtung treibt auf schwankendem Kahn eine launig-beschwingte Gesellschaft dahin. Während sie den Fluß hinabgleitet, schleichen auf beiden Ufern Raubtiere mit glühenden Augen durch die Nacht und warten, bis die Gesellschaft an Land steigt. So gierig auch ihre Augen durch das Dunkel funkeln, so wenig ahnen bei ihren Lampions und Mandolinen die fröhlichen Sänger und Zecher die drohende Gefahr. So fahren wir im Grund fast alle dahin und freuen uns des Lebens, »solang' noch das Lämpchen glüht«.

Der verdrängte Tod

Muß ich erst zeigen, *warum* man nichts hört und sieht? Wir kennen alle jenen einlullenden Mandolinenklang, den Sirenengesang der falschen Todüberwinder, die nichts anderes können, als sich dauernd »siegreich« von diesem »letzten Feinde« abzusetzen. Sie sagen, es gebe nur den natürlichen Rhythmus von Frühling, Sommer, Herbst und Winter, den Rhythmus des ewigen Kommens und Vergehens. Der Tod, sagen sie, sei nichts anderes als der Ab-Takt in diesem Lebensrhythmus. Das alles sei so natürlich, daß man sich nicht aufzuregen brauche.

---

* 1938 erschienen. Högfeld: ein schwedischer Maler, der vor allem durch seine humorvollen Bilder berühmt wurde.

Auch die Silvesternachtbräuche sind für diese Haltung aufschlußreich. Wie kommt es, daß man toben, schießen, brüllen und singen muß? Muß vielleicht etwas *über*sungen, *über*brüllt, *über*tönt werden, weil man in dieser letzten Nacht sozusagen das Gras der Zeit wachsen hört? Man muß dieses Wachsen der Zeit vielleicht übertönen, weil man es nicht hören mag? Ist es wirklich nur der natürliche Zeit-Rhythmus, der uns immer wieder an Ende, Tod und Vergänglichkeit alles Menschlichen gemahnt? Es ist doch merkwürdig, was man allenthalben beobachten kann: Es gibt kaum einen Arzt, der einem Sterbenden zu sagen wagt, welcher höchst »natürliche« Vorgang ihm jetzt bevorsteht. Warum darf man über diese »natürlichen« Dinge nicht reden, warum muß man lügen und verschleiern, *wenn* sie doch so natürlich sind? Sollte vielleicht noch etwas ganz anderes, als man denkt, hinter dem Sterben sichtbar werden? Ich las kürzlich im Tagebuch eines jungen gefallenen Fliegers folgenden Bericht: Er wollte einen Fliederstrauß pflücken, und wie er das Gebüsch auseinanderbog, fand er unter dem blühenden Busch die halbverweste Leiche eines Soldaten. Er fuhr zurück – nicht etwa, weil er noch keinen Toten gesehen hätte, – er fuhr zurück, weil ihn der Widerspruch anschrie zwischen dem toten Menschen und dem Blütenbusch. Wäre er auf einen verwelkten Fliederbusch gestoßen, er wäre nicht so erschrocken. Ein blühender Fliederbusch wird auch einmal ein verwelkter Busch werden – das ist wirklich nur Ausdruck des Lebensrhythmus. Aber daß der Mensch da in seinem verwesten Zustand darunterlag, das war etwas, was nicht hineinpassen wollte. *Deshalb* zuckte er zurück. Er hat gespürt, daß dieser tote Kamerad irgendwie im Gegensatz stand zu dem Lebensplane des Schöpfers. Er hat gespürt, daß der Tote wie ein Fremdkörper in der blühenden Schöpfungswelt lag. Er hat eine Ahnung davon bekommen, daß der Tod des Menschen eine Unnatur ist. Dieser junge Flieger war mit alledem der Welt des Neuen Testaments und seiner Botschaft vom Tode schon näher als die Leute, die immer von der »Natürlichkeit« des menschlichen Todes faseln.

Vor uns steht das Bild des Herrn, wie er durch das Land geht, wie er die Kranken heilt, wie er seine tröstende Hand auf die Bekümmerten und Schwermütigen legt, wie er Sünden vergibt, wie er Tote erweckt. Wenn wir dieses Bild des heilenden und vergebenden Gottessohnes einmal genauer anschauen, dann sehen wir, daß das Neue Testament diese ganze Welt mit ihrer Unordnung, diese Welt der Schuld und des Todes, des Leides und der Tränen sozusagen zusammenschaut. Hier gehören Sünde, Schuld, Leid, Krankheit und Tod alle zusammen. Sie sind nur verschiedene Seiten einer entgleisten, einer aus den Fugen geratenen Welt.

Der Tod als Unnatur

Darum ist auch für Jesus der Tod nicht einfach ein natürlicher Abschluß des Lebens: Es ist *nicht* natürlich und in Ordnung, es ist *nicht* gottgewollt, wenn dieser dunkle Geselle kommt und Fäden der Freundschaft, der Ehe, der Liebe einfach zerreißen darf. Dieser dunkle Geselle dürfte nicht einfach kommen und in die Schöpfungswelt Gottes einbrechen. Es ist die leibhaftige Unnatur, es ist »Unordnung«, was dieser junge Flieger mit seinem knabenhaften Instinkt gemerkt hat.

Das lehrt uns in lapidarer Härte die Bibel: Der Tod des Menschen deutet auf eine letzte Unordnung. Er sollte *nicht* sein;

die dunklen Grenzpfähle sollten *nicht* zwischen uns und dem ewigen Leben Gottes stehen. Gerade deshalb muß auch diese ganze Unnatur, muß diese Unordnung, diese »Verkrachtheit« der Welt weichen, wenn Jesus Christus kommt und seine ordnende und heilende Hand auf die Menschenbrüder legt.

Wir alle erleben es doch so, wie der bekannte Psychiater Hoche es in seiner Lebensbeschreibung »Jahresringe« schildert, wenn er sagt: Der Mensch kann sein Sterben nicht verstehen, »der Gedanke dünkt ihn unerträglich, daß diese ganze Welt der Liebe und Freundschaft, die Welt seiner Arbeit und Anhänglichkeit einfach weggewischt werden soll, unerträglich, am Wegrand niederzusinken, während die anderen weitergehen, plaudernd, als wäre nichts geschehen«. »Das spottet aller Logik«, sagt dieser Arzt. Und immer wenn ich am Sterbebett oder am Grab eines wirklichen Christen stehe, der nicht alt und lebenssatt starb, empfinde ich es: Da ist ein Mensch im Frieden mit Gott, sozusagen an der Hand Gottes; und nun muß er davon »wie ein Vieh«. Darf der Tod sein? Darf diese Grenze, darf dieser Abgrund noch sein, wenn einer an der Hand Gottes, an der Hand des lebendigen Gottes ist? Das ist sozusagen der Protest, der immer in uns aufklingt, wenn wir eine Ahnung haben von dem Leben, zu dem der Mensch *eigentlich* bestimmt ist. Und Hölderlin hat recht, wenn er sagt: »Gott möge mir verzeihen, aber ich verstehe den Tod nicht in seiner Welt.« Wir können das Geheimnis des Todes nur verstehen, wenn wir die Auflehnung des Menschen wider Gott ernst nehmen, wenn das Todesverhängnis uns als der »Sünde Sold« deutlich wird.

Deshalb nämlich ist die Todesschranke aufgerichtet: Sie belehrt uns, daß wir Menschen hinter die Grenze der Vergänglichkeit, daß wir zum Staube und unter das Gericht gehören.

Denn im Grunde möchte jeder von uns Gott sein, und Nietzsche hat wieder einmal sehr drastisch und wahr aus der Schule geplaudert, wenn er sagt: »Wenn es einen Gott gäbe, wie ertrüge ich's, kein Gott zu sein?« – So ist der Mensch. Und deshalb stehen die Cherubine mit dem hauenden Schwert vor der Ewigkeit Gottes: »Bis hierher und nicht weiter!« Das ist der Tod als Gericht, als Ende. So versteht ihn die Sündenfall-Geschichte (1. Mose, 1, 22).

Was heißt Todesüberwindung?

Das österlich gesprengte Grab ist nun nichts anderes als die gewaltige Durchbruchstelle, wo der Fürst des Lebens eine Bresche in die Front des Feindes getrieben hat. Ihn konnte der Tod nicht halten in dem gepanzerten Grabtresor, er hat ihn gesprengt. Und der große Osterjubel besteht darin, daß er deshalb auch *uns* nicht in der Gefangenschaft des Todes lassen kann. »Lässet auch ein Haupt sein Glied, welches es nicht nach sich zieht?« – Sollte der dunkle Tod stärker sein dürfen als die Hand, in der wir geborgen sind? Sollte er stärker sein dürfen als der Treubund, den der Herr mit seinen Jüngern schloß? Sollte er uns doch zu Waisen machen können? Wir wären die elendesten unter allen Menschen! Wir sind aber gottlob nicht elend, sondern sind die Jünger und Brüder des Auferstandenen, sind seine »Gesellen« (P. Gerhardt), die er durch Hölle und Tod reißt.

Eines bleibt freilich bestehen: Wir müssen wirklich und auch weiterhin durch den Tod. Er bleibt uns nicht erspart, auch uns Christen nicht. Auch Jesus ist wirklich gestorben. Aber etwas ist entscheidend anders geworden: Dieser Tod kann uns jetzt nichts mehr anhaben. Er ist wohl noch eine Schlange, sagt Luther, doch dieser Schlange ist der Giftzahn herausgebrochen. Die Schlange ist noch da, sie ist auch noch schrecklich. Daß der Horizont unseres Lebens noch von dem Schuppenpanzer der Todesschlange umgeben ist, ist beklemmend. Die neue Lage für uns Christen aber ist, daß diese Schlange, die um unser Leben herumliegt, *tot* ist. Für den, der das erkennt, hat sie ihre Schrecken verloren. Der biologische Tod, den wir sterben müssen, ist selbst entmächtigt und ist selber tot.

Wir müssen es uns ganz praktisch vorstellen, daß dieser Tod wirklich selber tot ist: Er darf uns ja nicht mehr aus der Hand Gottes reißen, er darf uns nicht mehr vorlügen: »Lasset uns essen und trinken, denn morgen sind wir tot.« Er darf uns nicht mehr vorlügen, es gäbe eine ewige Todesnacht mit ihren schweren Gedanken und ihren noch schwärzeren Wirklichkeiten oder auch ihrem gähnenden Nichts.

Als der Seemann Gorch Fock an die Seinen schrieb: »Wenn ihr hören solltet, daß unser Kreuzer versunken und niemand gerettet sei, dann weinet nicht. Das Meer, in das mein Leib versinkt, ist nur eine Lache in der hohlen Hand meines Heilandes. Aus dieser Hand kann mich nichts reißen« – als Gorch Fock das schrieb, wußte er gewiß: Das Meer kann ein furchtbarer Schlund sein, und die Hände der Folterer, in die man fallen kann, sind die Hände von Sadisten. Aber ich kann durch dies alles hindurchgehen wie durch eine hauchdünne Wand, denn ich kenne den, der mit ausgebreiteten Armen hinter der Wand steht und in dessen Hand dieser verschlingende Ozean eben nur eine Lache, eine *kleine* Lache ist.

Hätte es sonst so etwas geben können wie den singenden Tod der Märtyrer oder die Lobgesänge angesichts der offenen

Löwenrachen bei den ersten Christen? Sie konnten doch nur singen, weil ihr Auge eine kleine Überblendung vollzog, ähnlich wie beim Film, und weil sie dicht hinter der dünnen Wand des Schrecklichen den Einen sahen, der sie empfing, nein, der mitten durch alles hindurchschritt und sich noch einmal mit ihnen kreuzigen und von den Löwen fressen ließ. Das ist das Entscheidende: Wir müssen wirklich sterben, aber der Eine geht mit, ob es nun in die Arena, auf das Schafott oder ins Krankenhausbett geht: Der Eine ist mit dabei.

So schließe ich mit einem evangelischen Wort des großen Trösters Matthias Claudius und einem Abschiedsgruß von Hermann Friedrich Kohlbrügge:

Wer nicht an Christus glauben will, der muß sehen, wie er ohne ihn raten kann. Ich und du können das nicht. Wir brauchen jemand, der uns hebe und halte, wenn wir leben, und der uns die Hand unter den Kopf legt, wenn wir sterben müssen, und das kann er überschwenglich nach dem, was von ihm geschrieben steht, und wir wissen keinen, von dem wir's lieber hätten.

Darum, wenn ich sterbe – ich sterbe aber nicht mehr – und es findet jemand meinen Schädel, so predige es ihm dieser Schädel noch: Ich habe keine Augen; dennoch schaue ich Ihn; ich habe kein Gehirn noch Verstand, dennoch umfasse ich Ihn; ich habe keine Lippen, dennoch küsse ich Ihn; ich habe keine Zunge, dennoch lobsinge ich Ihm mit euch allen, die ihr Seinen Namen anruft. Ich bin ein harter Schädel, dennoch bin ich ganz erweicht und zerschmolzen in Seiner Liebe; ich liege hier draußen auf dem Gottesacker, dennoch bin ich drinnen im Paradies. Alles Leiden ist vergessen. Das hat uns Seine große Liebe getan, da Er für uns Sein Kreuz trug und hinausging nach Golgatha.

Zeit und Ewigkeit

Bevor es in der Silvesternacht zwölf schlägt, werden wir die Uhr nicht mehr aus den Augen lassen. Aber dieser Blick wird anders sein, als wenn wir nur die Armbanduhr gezückt hätten, um festzustellen, ob wir noch pünktlich zu einem Termin kommen oder ob uns die U-Bahn schon hinausgefahren ist. Diesmal, am Altjahrsabend, werden wir beim Blick auf die Uhr ein eigenes und schwer definierbares Gefühl haben: Sonst benutzen wir die Uhr, um uns nach ihren Angaben zu bewegen, um pünktlich da und da zu sein. In der Neujahrsnacht aber bewegen wir uns nicht, sondern sitzen im Kreis der Freunde oder auch allein in irgendeinem Raum. Statt dessen bewegt sich plötzlich die Zeit an uns vorüber. Es sind die letzten Minuten des alten Jahres. Wir hören einen Augenblick, wie die sonst so lautlose Zeit gleichsam laut zu rauschen beginnt, wenn sie über das Stauwehr dieser sonderbaren Mitternacht herabstürzt. Man muß schon ziemlich snobistisch oder wenig sensibel sein, um dabei nicht einen kleinen Schauer auf dem Rücken zu spüren. Wie kommt es, daß wir in dieser Nacht die Zeit so ganz anders erleben als sonst?

Wende der Stunden und Wende der Jahre

Ich möchte dafür einen verwunderlichen Grund nennen: Daß wir in dieser Mitternachtsstunde die Zeit so ganz anders erleben als sonst, liegt an der runden Form unserer Uhren (die ja trotz neuer elektronischer Moden immer noch in der Überzahl sind). Ich muß diese Behauptung natürlich etwas kommentieren:

Dadurch, daß unsere Uhren rund sind, daß der Zeiger auf ihnen kreist und stets wieder an seinen Ausgangspunkt zurückkehrt, entsteht in uns die Illusion, als ob sich im Leben alles wiederholte und als ob wir immer wieder neu anfangen könnten. Was ich heute bis 18 Uhr nicht geschafft habe, werde ich dann eben morgen bis 18 Uhr hinter mich bringen. Der Zeiger wird ja auch morgen genauso wie heute auf meiner Uhr wieder kreisen.

In der letzten Nacht des Jahres aber begegnen wir der Zeit anders: Da bewegt sie sich auf einmal nicht mehr im Kreise, sondern geradeaus. Es gibt keine runden Jahresuhren, die nach 365 Tagen wieder neu bei der Ziffer »Zwölf« anfingen. Einen derartigen Jahreszeitmesser müßten wir uns ganz anders vorstellen: als eine gerade Linie nämlich, auf der jedes durchlebte Jahr als ein kleiner Abschnitt zu markieren wäre. Und auf dieser Zeitlinie kriechen wir während unseres Lebens entlang. Wir lassen einen Abschnitt nach dem anderen hinter uns. Der Zeiger kehrt nie wieder dahin zurück. Wir können die Entscheidungen, die wir einmal gefällt haben, nie wieder rückgängig machen.

Wir haben im abgelaufenen Zeitabschnitt vielleicht einen bestimmten Beruf ergriffen, wir haben geheiratet oder uns scheiden lassen, wir haben eine Freundschaft geschlossen oder uns an einem Menschen schuldig gemacht: Das alles ist nun zu unserem Schicksal geworden. Wir würden es vielleicht anders machen, wenn wir noch einmal in dieselbe Situation kämen. Doch »was vergangen, kehrt nicht wieder«. Wir müssen nun das »Gepäck unserer Vergangenheit« (Anouilh) weiterschleppen.

Die Zeitlinie, von der ich sprach, gleicht einem langen Korridor mit vielen Türen. Jahr für Jahr öffnen wir eine neue. Aber an der Rückseite hat sie keine Klinke. Wir können nicht mehr zurück und neu beginnen, wie das der Uhrzeiger tut. Und eines Tages – wir wissen nicht wann und wo – ist der Korridor zu Ende, unwiderruflich. Die Kreislinie unserer Zifferblätter dagegen hört nie auf. Darum wiegen sie uns eben in der Illusion, als ob es immer so weiterginge. Die alten Sanduhren waren da gleichnisstärker.
In der Neujahrsnacht spüren wir, daß es eben *nicht* immer so weitergeht, sondern daß jeder Augenblick unseres Lebens einmalig ist und nicht wiederkehrt, daß unsere Zeit weiterläuft und auch einmal ausläuft. Wir spüren, daß wir »endlich« sind.

Unser Wissen um das Ende

Dies Wissen um das Ende tragen wir übrigens stets mit uns herum, auch wenn wir uns nicht darüber im klaren sind. Ohne es zu ahnen, denken wir dauernd an den Tod. Ich sage etwas, ohne mir viel dabei zu denken: »Ich muß mich beeilen«, oder: »Ich habe keine Zeit«, oder: »Man ist nur einmal jung; ich darf nichts anbrennen lassen.« Und doch drücke ich damit aus, daß ich eben nicht endlos lebe, daß ich deshalb die begrenzte Zeit einteilen muß. Ich kann sie eben nur ausnutzen, aber ich kann sie nicht verlängern. »Frist- und Zeitgewinn ist unser Leben«, sagt Shakespeare.
Wer sich über alles dies klar wird, erlebt etwas wie einen Schock. Einige halten mich vielleicht für einen Beckmesser, wenn ich allen Ernstes die Frage stelle, ob mancher lärmende Silvester-Fez und manche alkoholische Bewußtseinsminde-

rung nicht daher rühren könnte, daß wir diese Jahreswende mit der plötzlich laut werdenden Zeit überspielen möchten und daß wir diese Signale unserer Endlichkeit aus den Augen zu wischen bemüht sind. Es gibt nämlich eine Form von Spaß, die einen tieferen Kummer oder ein unerledigtes Problem unseres Lebens verdrängen möchte. Jeder von uns hat schon die Erfahrung gemacht, daß er deprimiert oder gar verzweifelt war und sich dann sagte: »Ich muß mich jetzt mal – koste es, was es wolle – gewaltsam zum Lachen bringen lassen.« Dann ging er in einen Film, der ihm als zwerchfellerschütternd angepriesen wurde. Tatsächlich hat er sich dann auch bei einigen komischen Situationen lachend auf die Schenkel geschlagen. Aber im Hintergrund lauerten, nie ganz zu vergessen, die Trauer und das Unbewältigte. Und kaum war das Licht wieder angegangen, kehrte beides unverändert zurück. Die wirkliche Freude tritt nur ein, wenn ich von innen heraus mit mir selbst und mit dem Sinn meines Lebens im Einklang bin. Nur dann brauche ich ja nichts mehr gewaltsam zu verdrängen.

Ich verstehe deshalb die Menschen sehr gut, die in der Nacht der Jahreswende einen Gottesdienst besuchen, die ein Wort der Ewigkeit hören möchten, und die es drängt zu beten. Es wäre dumm, zu meinen, daß diese Leute Pessimisten seien und Trübsal bliesen, während die Leute mit den Knallfröschen und Sektpfropfen das Leben bejahten. Auch die Menschen, die es zur Besinnung treibt, suchen die Freude, nur suchen sie sie in anderer Richtung oder wenigstens nicht *nur* bei Knall- und anderen Orgien. Sie wissen, daß unsere Endlichkeit nicht mehr angsterregend ist, wenn wir bei dem Herrn der Zeit geborgen, wenn wir mit ihm in Frieden sind. Was hinter mir liegt und was ich falsch gemacht habe, darf mich nicht mehr von ihm scheiden; das bringt er in Ord-

nung. Was ich vor mir habe – die neuen dreihundertfünfundsechzig Tage –, nehme ich aus seiner Hand entgegen. Und es darf mich nichts treffen, was nicht seine Zensur passiert hat und mir zum besten dienen muß.
Auch wenn der letzte Schlagbaum kommt, wird er mich erwarten.
Aus diesem Einklang mit dem Herrn der Zeit kommt eine Freude, die nicht mehr auf Verdrängung beruht. Die Jahreswende sollte für uns eine rote Ampel sein, die uns einen Augenblick anhalten und innehalten und dann die Frage stellen läßt, wohin wir fahren.